Sermões
sobre a
Bem-aventurada
Virgem Maria

Dados Internacionais de Catalogação na Publicação (CIP)
(Câmara Brasileira do Livro, SP, Brasil)

Antônio, de Pádua, Santo, 1195-1231
Sermões sobre a Bem-aventurada Virgem Maria /
Santo Antônio de Pádua ; tradução de Frei Ary E. Pintarelli. –
Petrópolis, RJ : Vozes, 2025.

Título original: I sermoni

ISBN 978-85-326-7122-6

1. Maria, Virgem, Santa – Sermões I. Título.

25-265282 CDD-232.91

Índices para catálogo sistemático:
1. Sermões : Virgem, Santa : Cristianismo 232.91

Cibele Maria Dias – Bibliotecária – CRB-8/9427

Santo Antônio

Sermões sobre a Bem-aventurada Virgem Maria

Tradução de Frei Ary E. Pintarelli, OFM

EDITORA VOZES

Petrópolis

Tradução do original em italiano intitulado *I Sermoni.*
Texto extraído da obra Sermões / Santo Antônio, Petrópolis, Vozes, 1. ed., 2019, p. 893, 951.

Rua Frei Luís, 100
25689-90 Petrópolis, RJ
www.vozes.com.br
Brasil

Diagramação: Victor Mauricio Bello
Revisão gráfica: Samir Amaral
Capa: Eliziane Santana
Ilustração de capa: A Visão de Santo Antônio de Pádua, Anthony Van Dyck.

ISBN 978-85-326-7122-6

Este livro foi composto e impresso pela Editora Vozes Ltda.

Sumário

Prólogo

"Brilha como a estrela da manhã em meio à névoa e como a lua nos dias em que está cheia. É como o sol brilhante, como o arco-íris que reluz entre as nuvens de glória, como a flor de rosa nos dias de primavera, como os lírios que estão junto à torrente de água, como um broto de árvores de incenso nos dias de verão, como o fogo e o incenso sobre brasas, como vaso de ouro maciço ornado com toda a espécie de pedras preciosas, como oliveira verdejante e cheia de frutos e como o cipreste que se eleva entre as nuvens" (Eclo 50,6-11).

Eis as doze pedras preciosas postas na coroa que Aarão trazia na cabeça (cf. Ex 26,17-21.36-38; Sb 18,24). Eis as doze estrelas que estão na coroa da Virgem gloriosa (cf. Ap 12,1). Em seu louvor, queremos comentar estas expressões do Eclesiástico, distribuindo-as em quatro sermões e aplicando-as às suas quatro festividades: a Natividade, a Anunciação, a Purificação e a Assunção, conforme a própria Nossa Senhora nos conceder.

- **Sermão da Natividade de Maria**: "Como a estrela da manhã em meio à névoa e como a lua nos dias em que está cheia".
- **Sermão da Anunciação**: "Como o sol brilhante e como o arco-íris que reluz entre as nuvens de glória".
- **A Natividade do Senhor**: "Como a flor da rosa nos dias de primavera e como os lírios que estão junto à torrente de água".
- **Sermão da Purificação**: "Como um broto da árvore de incenso nos dias de verão e como o fogo e o incenso sobre brasas".
- **Sermão da Assunção**: "Como vaso de ouro maciço ornado com toda a espécie de pedras preciosas, como oliveira verdejante e cheia de frutos e como o cipreste que se eleva entre as nuvens".

Natividade da Bem-aventurada Virgem Maria

Temas do sermão

- "Como estrela da manhã."
- Sermão moral sobre a penitência: "Sairá uma vara do tronco de Jessé".

Exórdio

1. A gloriosa Virgem Maria foi "como a estrela da manhã em meio à névoa" (Eclo 50,6).

Diz o Eclesiástico: "Beleza do céu é a glória das estrelas; glória que ilumina o mundo" (Eclo 43,10). Nesta expressão são postos em evidência três eventos, que refulgiram admiravelmente na Natividade da Bem-aventurada Virgem Maria.

Primeiramente a exultação dos anjos, indicada pelas palavras: "Beleza do céu". Conta-se que um santo homem, enquanto perseverava em devota oração, ouviu vir do céu a doce melodia de um canto angélico. Passado um ano, ouviu-a novamente no mesmo dia. Então pediu ao Senhor que lhe revelasse o significado desse evento. Foi-lhe respondido que naquele dia havia nascido Maria e que no céu os anjos cantavam a Deus os louvores por sua natividade: essa é a razão de se festejar hoje a Natividade da Virgem gloriosa.

Em segundo lugar é posta em destaque a pureza de sua Natividade com as palavras: "a glória das estrelas". Como "cada estrela se distingue das outras por sua claridade" (1Cor 15,41), assim a Natividade da Bem-aventurada Virgem distingue-se daquela de todos os outros santos.

Em terceiro lugar é recordada a luz que iluminou todo o mundo com as palavras: "ilumina o mundo". A Natividade da Virgem gloriosa iluminou o mundo, que antes estava coberto pela escuridão e pela sombra da morte.

E por isso, com razão afirma o Eclesiástico: "Como a estrela da manhã em meio à névoa..." etc.

Maria, anunciadora do salvador e toda perfeita em si mesma

2. A estrela da manhã é chamada luzeiro, porque brilha mais do que todas as estrelas, e de maneira mais exata é chamada jubar, esplendor, astro. Luzeiro, que precede o sol e anuncia o dia, afasta as trevas da noite com o fulgor de sua luz.

Estrela da manhã, ou luzeiro (portadora de luz), é a Virgem Maria que, nascida na obscuridade da nuvem, dissolveu a tenebrosa escuridão e, aos que estavam nas trevas, na manhã da graça, anunciou o sol da justiça. Com efeito, referindo-se a ela, o Senhor diz a Jó: "És tu porventura que fazes aparecer a seu tempo a estrela da manhã?" (Jó 38,32). Quando chegou "o tempo de usar misericórdia" (Sl 101,14), "o tempo de construir a casa do Senhor" (Ag 1,2), "o tempo favorável e o dia da salvação" (2Cor 6,2), então o Senhor fez surgir a estrela da manhã, isto é, a Virgem Maria, para que fosse a luz dos povos. E os povos devem dizer a ela aquilo que o povo de Betúlia disse a Judite: "O Senhor abençoou-te com sua fortaleza, porque Ele por ti aniquilou os nossos inimigos. Ó filha, tu és bendita do Senhor Deus altíssimo, mais do que todas as mulheres que há sobre a terra. Bendito seja o Senhor, que criou o céu e a terra, que te dirigiu para cortares a cabeça ao príncipe dos nossos inimigos. Porque hoje engrandeceu o teu nome tanto, que nunca o teu louvor se apartará da boca dos homens" (Jt 13,22-25).

Na sua Natividade, a Bem-aventurada Virgem Maria foi, pois, como a estrela da manhã. Dela diz ainda Isaías: "Sairá uma vara do tronco de Jessé, uma flor brotará de sua raiz" (Is 11,1).

Observa que a Virgem Maria é comparada a uma vara, por causa das cinco propriedades que esta possui: é longa, reta, sólida, sutil e flexível. Assim, Maria foi longa na contemplação, reta por sua perfeita justiça, sólida pela firmeza da mente, sutil (sóbria) pela pobreza e flexível pela humildade. Essa vara saiu do tronco de Jessé, que foi o pai de Davi (cf. Mt 1,5): dele descende Maria (cf. Lc 1,27), "da qual nasceu Jesus, chamado o Cristo" (Mt 1,16). Por isso, na festa de hoje lê-se o trecho do Evangelho que recorda a genealogia de Cristo, filho de Davi (Mt 1,1).

3. "Sairá uma vara do tronco de Jessé e uma flor brotará de sua raiz" (Is 11,1). Consideremos o significado moral desses três elementos: a raiz, a vara e a flor.

Na raiz é simbolizada a humildade do coração; na vara, a retidão da confissão e a disciplina da satisfação; na flor, a esperança da bem-aventurança eterna.

Jessé interpreta-se "ilha" ou "sacrifício", e simboliza o penitente, cuja mente deve ser quase como uma ilha. A ilha é chamada assim porque é posta no meio do mar (latim: *insula = in salo*). A mente, a alma do penitente, é posta no mar, isto é, na amargura, porque é batida pelas ondas das tentações e, todavia, resiste inabalável e oferece a Deus um devido sacrifício de suave odor. A raiz de Jessé é a humildade da contrição, da qual brota a vara da franca confissão e a disciplina de uma discreta penitência. E observa bem que a flor não nasce na sumidade da vara, mas da própria raiz: "e uma flor brotará de sua raiz", porque a esperança da bem-aventurança eterna não brota do sofrimento do corpo, mas da humildade do espírito.

Com tudo isso concorda também o trecho do evangelho, no qual Mateus, descrevendo a genealogia de Cristo, põe em primeiro lugar Abraão, em segundo lugar Davi e no terceiro a deportação para a Babilônia. Em Abraão que disse: "Falarei ao meu Senhor, ainda que eu seja pó e cinza" (Gn 18,27), é representada a humildade do coração; em Davi, cujo coração foi reto com o Senhor – "Encontrei Davi, homem segundo o meu coração" (At 13,22) –, é indicada a franqueza da confissão; na deportação para a Babilônia é recordada a prática da penitência e a tolerância às tribulações. Se houver essas três "genealogias", conseguirás também a quarta, isto é, a de Jesus Cristo, que nasceu da Virgem Maria, da qual hoje se diz: "Como estrela da manhã em meio à névoa".

4. E enfim: "Como a lua que brilha nos dias em que está cheia". A Bem-aventurada Virgem Maria é comparada à lua cheia, porque é perfeita sob qualquer aspecto. Enquanto a lua, se no ciclo, é por vezes incompleta, quando é crescente e quando é minguante, a gloriosa Virgem Maria jamais teve imperfeições: nem em sua Natividade, porque foi santificada ainda no seio materno e guardada pelos anjos; nem durante os dias de sua vida, porque jamais pecou pela soberba: sempre refulgiu na plenitude da perfeição. E é chamada luz, porque dissolve as trevas.

Rogamos-te, pois, ó Senhora nossa, que tu, que és a estrela da manhã, afastes com teu esplendor a nuvem da sugestão diabólica, que cobre a terra de nossa mente. Tu que és a lua cheia, enche o nosso vazio, dissolve as trevas dos nossos pecados, a fim de que mereçamos chegar à plenitude da vida eterna e à luz da glória infinita.

No-lo conceda aquele que te criou para que sejas a nossa luz, aquele que hoje te fez nascer para que Ele próprio pudesse nascer de ti. A Ele seja dada a honra e a glória nos séculos dos séculos. Amém.

Anunciação da Bem-aventurada Virgem Maria

Temas do sermão

"Como sol brilhante."

- Natureza e castidade do elefante.
- Sermão contra a luxúria: "Destruirei o nome da Babilônia".
- Por que os ramos ou as folhas caem da árvore, e as quatro cores existentes no arco-íris.

"Eu serei como orvalho."

- A lã das ovelhas e natureza da manteiga e do queijo.
- O mesmo assunto: "Eis um grande vento".
- Natureza do orvalho e propriedades do lírio.

"Como a flor da rosa nos dias de primavera."

- Sermão contra os prelados da Igreja: "Encontrareis um menino".
- Por que na festa do Natal do Senhor cantam-se três missas; propriedades do lírio e seu simbolismo.

Exórdio

1. "Como sol brilhante e como arco-íris que reluz entre as nuvens de glória" etc. (Eclo 50,7-8).

Diz o Eclesiástico: "Vaso maravilhoso é a obra do Altíssimo!" (Eclo 43,2). A Virgem Maria é chamada "vaso", porque é "tálamo do

Filho de Deus, especial morada do Espírito Santo, triclínio[1] (banquete) da Santíssima Trindade". De fato, diz ainda o Eclesiástico: "Aquele que me criou, descansou no meu tabernáculo" (Eclo 24,12). Esse vaso foi "obra maravilhosa do Altíssimo", do Filho de Deus, que a quis mais bela do que todos os mortais, mais santa do que todos os santos, e nela quis ser plasmado Ele próprio: "O Verbo se fez carne e habitou entre nós" (Jo 1,14). Dessa obra maravilhosa, no Terceiro livro dos Reis, diz-se que "Salomão mandou esculpir querubins, palmeiras e botões de flores nas portas do templo" (1Rs 6,32). A porta do céu, a porta do paraíso é a Virgem Maria, sobre a qual o verdadeiro Salomão esculpiu os querubins, que representam a vida angélica e a plenitude da caridade; as palmeiras, que indicam a vitória sobre o inimigo, o verdor da perseverança e a sublimidade da contemplação; os baixos-relevos dos botões de flores, que são as preciosas obras que representam a humildade e a virgindade.

Tudo isso foi esculpido na Bem-aventurada Virgem Maria por mão da Sabedoria. Com razão, pois, é dito: "Como sol brilhante, e como arco-íris que reluz entre as nuvens de glória".

I – Virtudes e prerrogativas da Bem-aventurada Virgem Maria

2. Observa que a Virgem Maria foi sol brilhante na anunciação do anjo, foi arco-íris que reluz na concepção do Filho de Deus, foi rosa e lírio na Natividade dele. No sol há três prerrogativas: o esplendor, o candor e o calor, que correspondem às três partes da saudação do Arcanjo Gabriel. A primeira: Ave, cheia de graça; a segunda: Não temas; a terceira: O Espírito Santo descerá sobre ti.

Quando diz: "Ave, cheia de graça! O Senhor está contigo; bendita és tu entre as mulheres" (Lc 1,28): eis o esplendor do sol. E isso pode referir-se também às quatro virtudes cardeais, cada uma das quais refulgiu em Maria de três modos. Pela temperança veio-lhe

[1] O santo usa o termo latino *triclinium*, o "leito da mesa" dos romanos, sobre o qual deitavam-se três pessoas. Isso em referência à Santíssima Trindade, por cuja obra aconteceu a Encarnação.

a prudência da carne, a modéstia no falar, a humildade do coração. Teve a prudência quando se calou na sua perturbação, quando compreendeu o significado daquilo que havia ouvido, quando respondeu ao que lhe era proposto. Teve a justiça quando atribuiu a cada um aquilo que lhe era devido. Comportou-se com firmeza de coração no seu esponsalício, na circuncisão do Filho, na purificação estabelecida pela lei. Manifestou sua compaixão por quem sofria, quando disse: "Não têm mais vinho" (Jo 2,3). Esteve em comunhão com os santos, quando perseverava na oração com os apóstolos e as outras mulheres (cf. At 1,14). Por sua fortaleza e grandeza de ânimo assumiu a obrigação da virgindade, observou-a e teve fé naquele altíssimo compromisso.

São Bernardo afirma que "as doze estrelas postas sobre a coroa da mulher" (Ap 12,1), da qual fala o Apocalipse, são as doze prerrogativas da Virgem: quatro do céu, quatro da carne e quatro do coração, que desceram sobre ela como estrelas do firmamento.

As prerrogativas do céu foram: a geração de Maria, a saudação do anjo, a cobertura do Espírito Santo, a inefável concepção do Filho de Deus.

As prerrogativas da carne: foi a primeira de todas as virgens, foi fecunda sem corrupção, grávida sem incômodo, parturiente sem dor.

As prerrogativas do coração foram: a prática da humildade, o culto do pudor, a magnanimidade da fé e o martírio espiritual, pelo qual uma espada traspassou sua alma (cf. Lc 2,35).

Para as prerrogativas do céu são referidas as palavras: "O Senhor está contigo"; para as prerrogativas da carne, as palavras: "Bendita és tu entre as mulheres"; para as prerrogativas do coração, as palavras: "Cheia de graça".

3. Quando diz: "Conceberás e darás à luz um filho, a quem porás o nome de Jesus" (Lc 1,31), eis o candor do sol. E como teria podido conceber o "candor da luz eterna e o espelho sem mancha", se ela própria não fosse cândida? Do candor da Mãe, o Filho diz no Cântico dos Cânticos: "O teu ventre é de marfim, guarnecido de safiras"

(Ct 5,14). O marfim, que é osso de elefante, é "cândido e frio", e nisso é indicada uma dupla pureza: aquela da alma na candura, aquela do corpo na frieza. Ambos ornaram o tálamo da Virgem gloriosa.

Lê-se na História natural que o elefante é o mais doméstico e o mais obediente de todos os animais selvagens; pode ser facilmente domesticado e aprende com facilidade, e por isso lhe é ensinado a adorar o rei, e manifesta uma boa sensibilidade. Foge sobretudo do cheiro do rato, que, como afirmam alguns, é produzido pela umidade da terra. O rato (latim: *mus*) é terra, afinal a terra chama-se também humo (*humus*). Sob esse aspecto, o elefante pode também ser figura da Bem-aventurada Virgem, que foi a mais humilde e obediente das criaturas e adorou o Rei (o Filho) que havia dado à luz.

O rato é símbolo da luxúria, que nasce da umidade da terra, isto é, do prazer da gula. E em Maria não só não houve luxúria, mas fugiu dela até ao mínimo sinal: com efeito, perturbou-se com a aparição do anjo. A seu exemplo, todos aqueles que querem viver castamente em Cristo, não só devem fugir do rato da luxúria, mas evitar também sua menor suspeita. E não é de admirar que se deva fugir da impureza, quando o elefante, que, por sua massa, parece quase uma montanha, foge diante do rato.

4. Diz o Senhor por boca de Isaías: "Destruirei o nome da Babilônia, suas relíquias, sua prole e sua raça" (Is 14,22). O justo, o nazireu (consagrado) do Senhor, deve destruir o nome da Babilônia, isto é, qualquer espécie de luxúria. "Afastem-se de vossa boca as coisas velhas" (1Sm 2,3). "Minha boca não fale das obras dos homens" (Sl 16,4); e destrua também todas as outras coisas, isto é, as fantasias impuras, que geralmente retornam à mente também depois que o pecado foi perdoado; a prole, isto é, a desejada sensualidade dos olhos, da qual diz ainda Isaías: "Da raiz da serpente sairá uma víbora e sua estirpe engolirá o ser alado" (Is 14,29). "Da raiz da serpente", isto é, da sugestão diabólica e do consenso da vontade, sairá uma víbora, o olho luxurioso, "porque [afirma Agostinho] o olho impudico é indício de um corpo impudico"; e sua estirpe, isto é, a obscenida-

de das palavras e a insolência do riso, engolirá o ser alado, isto é, o justo. Mas ai, quantos seres alados, quantos justos, infelizmente, foram engolidos dessa maneira funesta e por esses excessos. Eis por que toda a progênie, quer dizer, toda a ocasião de luxúria, deve ser destruída e exterminada, a fim de que o ventre, isto é, a mente, possa ser cândida como o marfim. Com razão, pois, é dito: "O teu ventre é de marfim, guarnecido de safiras" (Ct 5,14).

A safira é uma pedra preciosa de cor celeste. O demônio não se aproxima de uma casa na qual existe uma safira. Na safira é representada a contemplação das coisas celestes. O diabo não tem acesso a uma mente imersa na contemplação. Todavia, não sendo possível viver sempre imerso na contemplação, diz-se "guarnecido de safiras", quase para indicar que as safiras não estão em toda a parte, como também não podemos dedicar-nos continuamente à vida contemplativa. O ventre da Virgem gloriosa foi todo de marfim e guarnecido de safiras, porque sobressaía no corpo pelo candor da virgindade, e na alma pelo esplendor da contemplação.

5. Com as palavras: "O Espírito Santo descerá sobre ti" (Lc 1,35), é indicado o calor do sol. O calor é o alimento e a nutrição de todos os seres vivos: se vier a faltar o calor, sobrevém o declínio e a morte. A morte é a extinção do calor natural no coração, pelo desfalecimento da seiva e a chegada daquilo que lhe é contrário.

Com efeito, observa que o motivo pelo qual as folhas caem das árvores é a carência de nutrimento, isto é, do calor. Quando no inverno o frio envolve externamente as árvores e as ervas, fugindo daquilo que lhe é contrário (o gelo), o calor concentra-se nas raízes: e quando nas raízes aumenta, atrai para si das profundezas toda a seiva, subtraindo-a aos ramos e às extremidades superiores, para mitigar sua intensidade e assim impedir que as partes inferiores se queimem. Por isso, vindo a faltar a nutrição nas partes altas, necessariamente as folhas caem.

O calor é a graça do Espírito Santo. Se esta se retira do coração do homem, desfalece a seiva da compunção e, consequentemente, a desventurada alma cai na morte do pecado. Acrescentando-se depois o gelo da iniquidade, o calor do Espírito Santo foge daquilo que lhe é contrário, e assim a alma torna-se despojada de todo o bem, porque a entrada do vício provoca a saída da virtude. Por isso, lemos no Livro da Sabedoria: "O Espírito Santo, que instrui, foge da ficção, mantém-se distante dos pensamentos insensatos e é expulso ao sobrevir a iniquidade" (Sb 1,5), isto é, é expulso, com todos os seus bens, pela iniquidade que se apodera da alma.

Mas quando chega o calor, a terra se esquenta, faz germinar as ervas e produz os frutos. Assim, após a descida do Espírito Santo, a terra bendita concebeu e deu à luz o Fruto bendito que expulsou toda a maldição. Com razão, portanto, foi dito: "O Espírito Santo descerá sobre ti". Por isso, na anunciação do anjo, Maria refulgiu verdadeiramente como o sol.

6. Maria foi, pois, um arco-íris que reluz na concepção do Filho de Deus. O arco-íris produz-se com o sol que entra numa nuvem, na qual existem quatro cores: a fuliginosa, a azul, a áurea e a ígnea. Nesse dia, o Filho de Deus, sol da justiça, entrou na nuvem, isto é, no seio da Virgem gloriosa, e esta tornou-se quase um arco-íris, sinal da aliança, da paz e da reconciliação, entre as nuvens da glória, isto é, entre Deus e os pecadores. Lemos no Gênesis: "Porei o meu arco nas nuvens e ele será o sinal da aliança entre mim e a terra" (Gn 9,13).

Nota que as nuvens eram duas: a ira de Deus e a culpa do homem. Deus e o homem combatiam entre si. Deus, com a espada de sua ira, feriu o homem e o condenou à morte; o homem, com a espada da culpa, pecou mortalmente contra Deus. Mas depois que o sol entrou na Virgem, foi feita a paz e a reconciliação, porque o próprio Deus e Filho da Virgem, dando completa reparação ao Pai pela culpa do homem, refreou a ira do Pai a fim de que não ferisse o homem. Essas duas nuvens são chamadas "glórias", porque foram dispersas por obra da Virgem gloriosa.

Observa que no arco de cor fuliginosa é indicada a pobreza de Maria; naquele de cor azul, a sua humildade; naquele de cor áurea, a sua caridade; e naquele de cor ígnea, a sua intacta virgindade, cuja chama não pode ser dividida ou danificada por nenhuma espada. Desse arco diz o Eclesiástico: "Contempla o arco-íris e bendize aquele que o fez; é muito formoso no seu esplendor. Ele cercou o céu com um círculo de glória" (Eclo 43,12-13). Contempla o arco-íris, isto é, considera a beleza, a santidade, a dignidade da Bem-aventurada Virgem Maria e bendize com o coração, com a boca e com as obras o seu Filho, que a quis assim. É verdadeiramente estupenda no esplendor de sua santidade, acima de todas as filhas de Deus. Ela cercou o céu, isto é, circundou a divindade com um círculo de glória, quer dizer, com sua gloriosa humanidade.

Eia, pois, Senhora nossa, única esperança! Ilumina, suplicamos-te, a nossa mente com o esplendor de tua graça, purifica-a com o candor de tua pureza, aquece-a com o calor da tua presença. Reconcilia a todos nós com teu Filho, a fim de que possamos chegar ao esplendor de sua glória.

No-lo conceda aquele que hoje, ao anúncio do anjo, quis tomar de ti a sua carne gloriosa e permanecer fechado por nove meses no teu tálamo. A Ele a honra e a glória pelos séculos eternos. Amém.

II – O Filho de Deus comparado ao orvalho

7. "Eu serei como o orvalho para Israel: ele florescerá como o lírio, lançará raízes como o cedro do Líbano. Estender-se-ão os seus ramos, sua glória será como a oliveira e o seu perfume como o do Líbano" (Os 14,6-7).

"Naquele dia, os montes destilarão doçura e pelas colinas manarão leite e mel" (Jl 3,18). O dia, latim *dies*, do sânscrito *dyan*, luminosidade, indica o tempo da graça, no qual os montes, isto é, os pregadores, destilarão a doçura da pregação; e as colinas, isto é, aqueles que ouvem os pregadores, abundarão da lei e do mel da Encarnação do Senhor.

Observa que se diz: "os montes destilam", porque tudo o que pregam é como uma gota em comparação com a misericórdia divina, que "não nos salvou por nossas obras de justiça" (Tt 3,5), de nossa justiça; "e as colinas fazem fluir": os ouvintes, recebida a gota da pregação, devem superabundar de fé no Verbo encarnado, isto é, no Filho de Deus, que, precisamente com as palavras de Oseias, diz: "Eu serei como orvalho para Israel".

8. O Filho de Deus é comparado ao orvalho, por causa das três propriedades desse elemento: o orvalho desce de manhã, cai suavemente e dá refrigério no ardor. Do mesmo modo, o Filho de Deus desceu na Virgem de manhã, isto é, no tempo da graça. Lemos no Êxodo: "De manhã, o orvalho apareceu no deserto como uma coisa miúda e como pisada no pilão (entenda o maná), à semelhança de geada sobre a terra: o seu sabor era como de flor de farinha misturada com mel" (Ex 16,13.14.31). O deserto é figura da Bem-aventurada Virgem Maria, de quem diz Isaías: "Envia, Senhor, o cordeiro" (não o leão) "para dominar a terra" (não para devastá-la), "pela pedra do deserto", isto é, pela Bem-aventurada Virgem Maria, "ao monte da filha de Sião" (Is 16,1), isto é, da Igreja que é filha de Sião, quer dizer, da celeste Jerusalém. E observa que a Bem-aventurada Virgem é chamada "pedra do deserto": "pedra", porque não pode ser arada, sobre a qual a cobra (a serpente), isto é, o diabo, que cultiva as sombras (*colit umbras*), como diz Salomão, não pôde encontrar passagem (cf. Pr 30,18-19); "do deserto", porque não cultivada, não semeada por semente humana, mas tornada fecunda por obra do Espírito Santo.

Diga-se, portanto: "Apareceu o orvalho", isto é, o Filho de Deus, "no deserto", isto é, na Bem-aventurada Virgem. Ele foi, como o maná, tornado "pequeno" na concepção e no nascimento; e quase "pisado no pilão" na sua Paixão, flagelado com as varas, batido com os bofetões, ultrajado com os escarros; e "à semelhança da geada sobre a terra" na pregação dos apóstolos: "Por toda a terra difundiu-se a sua voz..." (Sl 18,5); e o seu "sabor" nos será doce como o da "flor de farinha misturada com mel", isto é, de sua divindade unida à humanidade, na bem-aventurança da pátria celeste. Por isso, o Filho de Deus pode afirmar: "Eu serei como o orvalho", que na manhã da graça desce na Virgem Maria.

Mas serei também um orvalho que desce "suavemente", como diz o profeta: "Descerá como a chuva sobre a relva, como água que goteja sobre a terra" (Sl 71,6). Observa que a chuva cai de modo diferente do granizo. A chuva cai suavemente para fecundar, o granizo cai com violência para destruir.

Na sua primeira vinda, Cristo foi como a chuva que desceu sobre o velo, no seio da Virgem; na segunda vinda será como o granizo, que ferirá os iníquos com a sentença de morte. Por isso, diz Davi: "Fogo e granizo, neve e gelo, vento de tempestade que obedecem à sua palavra" (Sl 148,8). Será fogo que queima e não consome, do qual se diz: Ide, malditos, para o fogo eterno (cf. Mt 25,41). Será granizo que fere, do qual diz Jeremias: "Tempestade que se abate sobre a cabeça dos ímpios" (Jr 30,23). Será neve que engole, como se lê em Jó: Sobre quem tem medo da geada, isto é, da expiação da penitência, cairá a neve da morte eterna (cf. Jó 6,16); cairá o gelo que o triturará; soprará o vento da tempestade que nunca cessará.

Tudo isso formará "a parte do cálice", isto é, do castigo, "daqueles" (Sl 10,7) que bebem do cálice de ouro da Babilônia, quer dizer, do mundo, que está nas mãos da meretriz, isto é, da concupiscência da carne. Mas o Filho de Deus, na sua primeira vinda, descerá como chuva sobre a erva, como se diz no Livro dos Juízes: o orvalho desceu sobre o velo de Gedeão (cf. Jz 6,37-38). E comenta o Bem-aventurado Bernardo: O Filho de Deus impregnou de si todo o "velo", isto é, a Bem-aventurada Virgem Maria, e depois também toda a superfície seca, quer dizer, todo o mundo.

9. Veio, pois, o Filho para fazer-se uma veste com a lã da ovelhinha, isto é, da Virgem, chamada ovelhinha por sua inocência. Ela é a nossa Raquel, nome que significa precisamente "ovelha", que o verdadeiro Jacó encontrou junto ao poço da humildade, como está escrito no Gênesis (cf. Gn 29,10). A ovelha pode representar também Adão, de quem se diz: "Andei errante como ovelha desgarrada" (Sl 118,176).

Na História natural, lemos que se com a lã de uma ovelha dilacerada pelo lobo for confeccionada uma veste, nesta se desenvolvem os vermes, as traças. Assim, da lã de nossa carne, que temos tomado da ovelha, isto é, do nosso progenitor, dilacerado pelo lobo que é o diabo, nascem os vermes dos instintos naturais, e ela se putrefaz. Mas Cristo, para purificar-nos da contaminação da carne e da alma, assumiu uma lã incontaminada, como a tinha a ovelha (Adão) antes de ser dilacerada pelo lobo. Do Cristo, com efeito, diz Isaías: "Ele comerá manteiga e mel" (Is 7,15). Observa que a ovelha produz dois alimentos: a manteiga e o queijo. A manteiga é doce e macia, o queijo é enxuto e sólido. A manteiga representa a inocência da natureza, como foi antes do pecado; o queijo significa a consciência e as privações que sofreu depois do pecado.

Maldita – diz-se – a terra, isto é, a carne, por tua obra, isto é, por causa do teu pecado; espinhos e abrolhos, isto é, dores grandes e pequenas, produzirá para ti (cf. Gn 3,17-18). Cristo, porém, não comeu queijo, mas manteiga, porque assumiu a nossa natureza como a tinha Adão antes do pecado, não como a teve depois do pecado, pois assumiu não tanto o invólucro quanto o mérito do invólucro, não o pecado, mas a pena do pecado.

Cristo foi também a abelha que paira sobre a flor, isto é, sobre a Bem-aventurada Virgem, em Nazaré, nome que significa "flor". Dessa abelha diz-se no Eclesiástico: "A abelha é pequena entre os seres alados, mas seu produto tem o primado entre os sabores doces" (Eclo 11,3). Realmente, na sua primeira vinda, Cristo teve o mel da misericórdia; na segunda, porém, ferirá com o aguilhão da justiça. "Misericórdia e justiça quero cantar-te, Senhor!" (Sl 100,1), exclama o profeta.

Agora vês claramente de que modo Cristo desceu suavemente, como a chuva sobre a erva.

10. Dessa suavidade fala-se no Terceiro livro dos Reis: Houve um vento impetuoso e forte, que parte os montes e quebra as pedras diante do Senhor; mas o Senhor não estava no vento. Depois do vento houve um terremoto, mas o Senhor não estava no terremoto. Depois do terremoto houve um fogo, mas o Senhor não estava no fogo. Depois do fogo houve um sopro (um murmúrio) de um vento leve: e ali estava o Senhor (cf. 1Rs 19,11-12). No evangelho de hoje

tens esses quatro momentos. O vento grande e forte foi a saudação do anjo que prometia grandes coisas: promessas dirigidas a uma mulher fortíssima por Gabriel, cujo nome significa "fortaleza de Deus". Essa saudação sacudiu os montes da soberba e despedaçou as pedras, isto é, a dureza da sabedoria humana.

As quatro partes de que se compõe essa saudação podem ser comparadas às quatro propriedades da pedra preciosa chamada safira. Parece que a safira mostre em si mesma uma estrela: a essa propriedade refere-se a expressão: "Ave, cheia de graça" (Lc 1,28).

A safira é de cor azul, e a isso referem-se as palavras: "O Senhor está contigo" (Lc 1,28). A safira coagula o sangue, e com esta propriedade concordam as palavras: "Bendita és tu entre as mulheres" (Lc 1,28), porque Maria estancou o sangue da primeira maldição. Enfim, a safira cura as úlceras da pele, e a esta propriedade referem-se as palavras: "Bendito é o fruto do teu ventre" (Lc 1,42), fruto que matou o diabo. Com razão, pois, é dito: "Houve um vento impetuoso" etc.; mas o Senhor não estava ali, isto é, não houve a Encarnação do Verbo. Depois do vento da saudação houve o terremoto: "Ela ficou perturbada e perguntava-se que sentido teria tal saudação" (Lc 1,29); e nem ali estava o Senhor, isto é, a Encarnação do Verbo. E depois do terremoto, o fogo, isto é, a intervenção do Espírito Santo e o sombreamento do poder do Altíssimo (cf. Lc 1,35); mas nem ali estava o Senhor. E depois do fogo, finalmente, houve o murmúrio de um vento leve, quer dizer, a resposta de Maria: "Eis aqui a serva do Senhor!" (Lc 1,38); e ali estava o Senhor, isto é, a Encarnação do Filho de Deus. Com efeito, quando disse: "Faça-se em mim segundo a tua palavra" (Lc 1,38), imediatamente "o Verbo se fez carne e habitou entre nós" (Jo 1,14).

11. O orvalho traz também refrigério. Assim, o Filho de Deus efunde água fresca sobre o gênero humano, oprimido pelo ardor da perseguição diabólica. Desta água, diz Salomão: "Como água fresca para uma garganta seca é uma boa notícia que vem de um país remoto" (Pr 25,25). O bom mensageiro, portador de boas-novas, foi Jesus Cristo, que efundiu com largueza a água fresca de sua Encarnação na

alma de Adão e nas almas de seus pósteros, secas pela sede no fogo da geena, quando as extraiu do poço sem água refrescante, em virtude do sangue de sua aliança (cf. Zc 9,11). Com razão, pois, o Filho diz por boca de Oseias: "Serei como orvalho", que desce suavemente de manhã e traz refrigério.

Diz ainda a Escritura: "Israel florirá como um lírio". Israel interpreta-se "que vê a Deus" e indica a Virgem Maria, que vê a Deus enquanto o nutriu ao seio, amamentou-o a seu peito, levou-o para o Egito. Maria, banhada pelo orvalho (do Espírito Santo), floriu como lírio, cuja raiz é medicinal, o caule sólido e ereto para o alto, a flor cândida e as pétalas abertas. A raiz da Virgem Maria foi a humildade, tendo sempre reprimido os movimentos do orgulho; seu caule foi sólido, pois renunciou a todas as coisas temporais, e foi ereto para o alto pela contemplação das coisas celestes; sua flor foi branca pelo candor de sua virgindade. Maria foi um lírio com as pétalas abertas, recordada de sua raiz quando disse: "Eis aqui a serva do Senhor". E esse lírio floresceu e brotou quando, permanecendo intacta a flor da virgindade, deu à luz o Filho de Deus Pai. "E como o lírio não danifica sua flor ao expandir o seu perfume, assim a Bem-aventurada Virgem não violou a flor de sua virgindade quando deu à luz o Salvador" (Guerrico, abade, † 1157).

"Lançará raízes como uma árvore do Líbano e seus ramos se expandirão." A raiz do lírio representa a intenção do coração: se ela for simples – como diz o Senhor: "Se teu olho", isto é, a intenção do teu coração, "for simples", – quer dizer, sem a duplicidade do engano, expandir-se-ão os seus ramos, porque crescerão para o alto as suas obras, e assim "todo o teu corpo", isto é, as obras que lhe seguem, "será luminoso" (Lc 11,34). Precisamente a raiz, isto é, a intenção da Bem-aventurada Virgem, foi puríssima e odorífera e dela procederam os ramos de suas obras, retos e dirigidos para o alto. E observa também que a raiz da intenção é chamada "do Líbano", porque da pureza da intenção provém o incenso, isto é, o perfume da boa fama.

"Terá a beleza da oliveira", que é o símbolo da paz e da misericórdia. A Bem-aventurada Virgem Maria, nossa medianeira, restabeleceu a paz entre Deus e o pecador. Por isso, dela se diz no Gênesis:

"Porei o meu arco sobre as nuvens, e ele será o sinal da aliança entre mim e a terra" (Gn 9,13). O arco-íris tem duas cores: a cor da água e a cor do fogo. Na água, que nutre todas as coisas, é simbolizada a fecundidade de Maria; no fogo, cuja chama não pode ser ferida pela espada, é indicada a sua inviolada virgindade. Esse é o sinal da aliança e da paz entre Deus e o homem pecador. E é também a oliveira da misericórdia. E sobre isso, o Bem-aventurado Bernardo diz: "Ó homem, tu tens um acesso seguro a Deus, porque junto a Ele tens a Mãe diante do Filho e o Filho diante do Pai. A Mãe mostra ao Filho o seu peito e o seu seio, o Filho mostra ao Pai o seu lado e suas feridas. Não haverá, pois, repulsa alguma onde estão juntos tantos sinais de amor".

"A sua fragrância será como o Líbano." Líbano interpreta-se "brancura", e indica o candor da vida inocente da Bem-aventurada Virgem Maria, cujo perfume, difundido em toda a parte, devolve a vida aos mortos, o perdão aos desesperados, a graça aos penitentes, a glória aos justos.

Pelos méritos e pela intercessão de Maria, o orvalho do Espírito Santo modere os ardores de nossa mente, cancele os nossos pecados, infunda em nós a graça, a fim de merecermos chegar à glória imortal da vida eterna. No-lo conceda aquele que é bendito nos séculos dos séculos. Amém.

III – A Natividade do Senhor

12. "Como a flor da rosa nos dias de primavera, como um lírio junto à corrente de água" (Eclo 50,8).

Diz o Eclesiástico: "Frutificai como uma planta de rosas sobre uma torrente; como o Líbano, espalhai um bom perfume, fazei desabrochar flores, expandi perfume como o lírio e lançai ramos graciosos" (Eclo 39,17-19). As exortações contidas nesta citação são concretizadas em três atos: a abundância das lágrimas, a insistência da oração e a inocência da vida.

As rosas são as almas dos fiéis, avermelhadas pelo sangue de Jesus Cristo, que devem ser plantadas às margens de uma torrente, isto é, sobre um rio de lágrimas, para que possam produzir dignos frutos de penitência. Devem ter, como o Líbano, o incenso da oração devota, que se difunde como um suave perfume. Devem derramar, como o lírio, o perfume da boa reputação com a honestidade de uma vida intemerata, e aprofundar-se na ação de graças ao Senhor. Se as almas dos fiéis tiverem tudo isso, poderão participar dignamente dessa festividade, isto é, no natal do Senhor, no parto da Bem-aventurada Virgem, da qual se diz: "Como a flor das rosas na estação da primavera" etc.

13. "O parto da Virgem gloriosa é comparado à rosa e ao lírio, porque como estas flores, mesmo expandindo um perfume suavíssimo, não se deterioram, assim Maria, dando à luz o Filho de Deus, permaneceu intacta na sua virgindade." Portanto, quando a Virgem Maria dava à luz o seu Filho, o Pai podia dizer aquilo que Isaac disse a Jacó: "Eis o odor do meu filho, que é como o odor de um campo florido que o Senhor abençoou" (Gn 27,27). O nascimento de Cristo foi como o perfume de um campo cheio de flores, porque deixou intacta a flor da virgindade da Mãe, quando dela veio à luz. E a própria Bem-aventurada Virgem foi um campo cheio de rosas e lírios, que o Senhor abençoou; com efeito, dela é dito: "Bendita és tu entre as mulheres" (Lc 1,28).

Observa que Maria perturbou-se quando ouviu que era proclamada "bendita entre as mulheres", ela que sempre havia preferido ser "bendita entre as virgens": por isso "perguntava-se qual seria o sentido daquela saudação" (Lc 1,29), que num primeiro momento parecia-lhe suspeita. E quando na promessa de um filho tudo lhe ficou claro, não pôde mais ignorar o perigo que corria a sua virgindade, e disse: "Como se fará isso, pois eu não conheço varão?" (Lc 1,34), isto é, propus-me a não conhecê-lo? Outros dizem que talvez se tivesse perturbado porque ouvia dizer, de si, aquilo que absolutamente não lhe parecia ser. "Virtude verdadeiramente rara: que a tua santidade, tão evidente, seja desconhecida só a ti mesma!" – exclama o Bem-aventurado Bernardo. Depois, ele acrescenta: Talvez tu te desprezes ocultamente, porque te pesas com a balança da verdade; depois, porém, em público, pensando ter bem outro valor, vendes-te a nós por um preço superior ao que tens feito a ti mesma.

Portanto, sobre o parto virginal de Maria digamos: "Como a flor da rosa nos dias de primavera". Dizemos primavera (latim: *ver*) porque verdeja. De fato, na primavera, a terra se veste de ervas, cobre-se de flores coloridas, retorna o clima suave, as aves "tocam a cítara" e tudo parece sorrir. Damos-te graças, Pai Santo, porque em pleno inverno, entre os maiores frios, deste-nos um tempo primaveril. Com efeito, neste nascimento do teu Filho, Jesus bendito, que se celebra em pleno inverno, na estação dos frios mais intensos, deste-nos um tempo primaveril, cheio de todos os encantos. Hoje a Virgem, terra bendita, repleta da bênção do Senhor, deu à luz a erva verdejante, o pasto dos penitentes, isto é, o Filho de Deus. Hoje a terra se matiza com as flores das rosas e os lírios dos vales. Hoje os anjos, acompanhados com a cítara, cantam: "Glória a Deus no mais alto dos céus" (Lc 2,14). Hoje é restabelecida sobre a terra a tranquilidade e a paz. O que queres mais? Tudo sorri, tudo exulta. E por isso, o anjo diz aos pastores: "Eis que vos anuncio uma grande alegria, que será para todo o povo; nasceu-vos hoje, na cidade de Davi, um salvador, que é o Cristo Senhor. Isso será um sinal para vós: encontrareis um menino envolto em panos, que jaz numa manjedoura" (Lc 2,10-12).

14. Observai bem, caríssimos, que o anjo aparece aos pastores das ovelhas, porque, como diz Salomão, "sua familiaridade está com os simples" (Pr 3,32). Os que guardam na mente o rebanho dos pensamentos simples e inocentes ouvem o anjo lhes dizer: "Este é para vós o sinal", pelo qual vós tereis certeza; "encontrareis um menino", eis a humildade; "deitado numa manjedoura", não preso aos seios da mãe, eis a abstinência; "envolto em panos", eis a pobreza. Com este sinal, o Pai marcou o Filho (cf. Jo 6,27) e o enviou ao mundo. Com este sinal vós tereis certeza: Encontrareis um "menino", isto é, alguém que não fala (latim: *infans*, que não fala). Na verdade, foi alguém que não falou, porque, diante daqueles que o tosquiaram, não

só, mas que o tosquiaram e o mataram, ele ficou mudo e não abriu sua boca (cf. Is 53,7).

Encontrareis, pois, um menino. Sim, "menino", aquele que agora se cala, como que fingindo ignorar os pecados dos homens; e já que não manda o castigo, os pecadores acreditam que Ele não vê. Por isso, o Senhor lamenta-se por boca de Isaías: "Mentiste e não te recordaste de mim, nem refletiste no teu coração: porque eu estava calado e parecia não ver, e te esqueceste de mim. Eu publicarei a tua (falsa) justiça" (Is 57,11-12) e te retribuirei segundo as tuas obras (cf. Pr 24,29); dessas obras acrescenta: "E as tuas obras não te aproveitarão" (Is 57,12).

Encontrareis um menino. Mas ai! Não encontro alguém "que não fala", mas alguém que late, que detrai, que murmura, que adula para onde quer que me volte. E tu dizes: "Encontrareis um menino"? Eu encontro quem fala, quem levanta sua boca até o céu e sua língua percorre a terra (cf. Sl 72,9); isto é, encontro quem na sua maledicência não poupa nem o justo nem o pecador. Encontro quem fala, quem chama de bem o mal, e o mal de bem; quem muda as trevas em luz e a luz em trevas, o amargo em doce e o doce em amargo (cf. Is 5,20).

"Deitado numa manjedoura." Quase todos, como os jumentinhos, mamam nas tetas por trás, isto é, abandonam-se aos prazeres da gula e da luxúria. O Senhor foi deposto numa manjedoura, e estes agarram-se aos seios "da grande prostituta, que, com o vinho de sua prostituição, embriagou os habitantes da terra (cf. Ap 17,1-2), para depois acabarem suspensos ao laço da geena para a eterna ruína de sua alma.

"Encontrá-lo-eis envolto em panos." Em panos, e não em peles de animais, com as quais foram revestidos os progenitores, expulsos do Paraíso. Aqueles que se vestem de peles estão nas moradas dos demônios. As peles são chamadas assim de *pellere*, que quer dizer expulsar, tirar, do qual temos *pellex*, isto é, concubina e meretriz. *Pellex* de *pellicio*, seduzir, porque a meretriz seduz os homens com a beleza de sua pele. O verbo latino "*pellicio*" significa "atrair adulando". Os devassos e as meretrizes vestem-se de peles, porque se gloriam da aparência exterior.

O que direi dos prelados efeminados do nosso tempo, que se enfeitam como mulheres destinadas ao casamento, revestem-se de peles variadas, e cujas intemperanças se consumam em selas coloridas, em arreios e esporas de cavalos que se avermelham com o sangue de Cristo? Eis a quem é confiada hoje a esposa de Cristo, que foi envolto em panos e deitado numa manjedoura, enquanto eles se revestem de peles e se abandonam à luxúria em leitos de marfim.

Elias e João [o Batista] levavam uma cinta de peles em volta dos rins. Ó peles envelhecidas nos dias de pecado (cf. Dn 13,52), se quiserdes vestir-vos de peles, usai um cinto e não uma túnica de pele, e apertai-o aos rins (cf. Mt 3,4), para mortificar a pele do vosso corpo. "Pele por pele – lemos em Jó – e tudo o que o homem tem está pronto a dá-lo por sua vida" (Jó 2,4). Mortificai a pele do vosso corpo destinado à morte, para reavê-la glorificada na ressurreição final. Ó pastores da Igreja, isso será para vós o sinal: "Encontrarei um menino..." Marcai-vos também vós com o sinal da humildade e da abstinência deste menino e com o selo de sua áurea pobreza, vós que viveis do seu patrimônio.

15. Digamos, pois, "como uma flor da rosa no tempo da primavera". Observa que, como Deus criou o mundo na primavera, isto é, em março, assim na natividade de seu Filho fez um mundo novo, renovando tudo.

No primeiro dia, Deus disse: "Faça-se a luz, e a luz foi feita" (Gn 1,3). Hoje, o Verbo do Pai, por meio do qual tudo foi feito, se fez carne (cf. Jo 1,3.14). Esta Luz, que disse "faça-se a luz", hoje está aqui. Por isso, dela canta-se hoje na Missa da luz [da aurora]: Hoje fulgirá sobre nós a luz, porque nasceu o Senhor (cf. Is 9,2).

Observa que hoje se celebram três missas: a missa da meia-noite, na qual se canta "O Senhor me disse: Tu és meu Filho, eu hoje te gerei" (Sl 2,7), e isso nos recorda a misteriosa geração da divindade, que ninguém pode descrever; a missa da luz (da aurora), que nos recorda a geração pela Mãe; e a missa da hora terceira (do dia), que nos recorda ao mesmo tempo a geração pelo Pai e pela Mãe: nesta terceira missa canta-se "Nasceu-nos um Menino" (cf. Is 9,6), e isso refere-se ao nascimento pela Mãe; e lê-se o Evangelho de João "No princípio era o Verbo" (Jo 1,1), que se refere à geração pelo Pai.

Portanto, a primeira missa canta-se no coração da noite, porque a geração pelo Pai é misteriosa também para nós crentes. A segunda missa canta-se de manhã cedo porque a geração pela Mãe foi muito visível também para nós, mas envolvida numa certa nebulosidade. Com efeito, quem pode desfazer a correia de suas sandálias, quer dizer, penetrar no mistério de sua Encarnação? (cf. Mc 1,7; Lc 3,16; Jo 1,27). Enfim, a terceira missa, que se canta em pleno dia, porque no dia da eternidade, quando toda obscuridade for eliminada, saberemos perfeitamente de que modo Jesus Cristo foi gerado pelo Pai e de que modo pela Mãe. Realmente, então conheceremos aquele que tudo conhece, porque o veremos face a face e seremos semelhantes a Ele (cf. 1Jo 3,2). Com razão, pois, é dito: "Como orvalho nos dias de primavera".

16. "Como os lírios junto à torrente de água." Observa que o lírio nasce em terra não cultivada, desenvolve-se nos vales, é perfumado e branco; fechado, mantém o perfume, aberto o difunde; tem seis pétalas, tem os estames dourados e ao centro o pistilo; tem a propriedade de curar queimaduras. É chamado lírio porque é quase lácteo (latim: *lilium*, *lacteum*) e representa a Bem-aventurada Virgem, cândida pelo esplendor da virgindade, que nasceu de genitores castos e humildes: Joaquim, cujo nome significa "Deus levanta", e Ana, que quer dizer "graça". Hoje Maria deu à luz o Filho de Deus como o lírio emana o seu perfume.

Este lírio tem seis pétalas etc. Sobre isso leia a explicação do trecho evangélico "Enquanto as multidões se comprimiam ao redor de Jesus" (Lc 5,1) do V domingo depois de Pentecostes, parte II, onde se fala dos seis degraus do trono de Salomão.

Os estames dourados do lírio são a pobreza e a humildade, virtudes que em Maria foram o ornato de sua virgindade. O pistilo ao centro do lírio representa a sublimidade do divino amor que estava no coração da Bem-aventurada Virgem. Ela é a medicina dos pecadores, que foram queimados no fogo dos vícios.

Desses diz Joel: "Todos os seus rostos se tornarão como uma panela" (Jl 2,6). A panela é um vaso que serve para cozinhar e é chamada assim (latim: *olla*) porque nela a água ferve quando se põe fogo por baixo e produz vapor. Por isso, é chamada também "bolha", que se produz no interior da água como que pelo aspirar do vento. A panela é a mente do pecador, na qual está a água da concupiscência, que produz as bolhas dos pensamentos perversos, quando por baixo é posto o fogo da sugestão diabólica. Dessa panela procede a fumaça do mau consenso que cega os olhos da alma: e assim a mente do pecador cobre-se de preto. O rosto é chamado assim porque dele transparece a vontade do espírito (*vultus, voluntas*), e significa as obras, pelas quais se conhece o homem. Por isso, os rostos dos pecadores tornar-se-ão da cor da panela, quando pela negrura da mente são contaminadas as obras. A Bem-aventurada Virgem Maria, com o candor medicinal de sua santidade, elimina essa negrura, cura essa queimadura e devolve a plena saúde aos que nela esperam.

"Como os lírios junto a uma torrente de água", como se dissesse: Como os lírios junto a uma torrente de água permanecem no seu frescor e beleza e com seu perfume, assim a Virgem Maria, quando deu à luz o Filho, permaneceu no frescor e na beleza de sua virgindade.

Rogamos-te, pois, ó Senhora nossa, santa Mãe de Deus: nesta festa da Natividade do teu Filho, que geraste permanecendo virgem, que envolveste em panos, que depuseste na manjedoura, obtém-nos o perdão dele, cura as queimaduras de nossa alma, que nos foram causadas pelo fogo do pecado; cura-as com o bálsamo da tua misericórdia, por meio da qual mereçamos chegar ao gozo da eterna festa.

No-lo conceda aquele que hoje se dignou nascer de ti, ó Virgem gloriosa, e ao qual se deve a honra e a glória por todos os séculos dos séculos. Amém.

Purificação da Bem-aventurada Virgem Maria

Temas do sermão

"Como o incenso que exala fragrância nos dias do verão."

- Sermão em louvor à Bem-aventurada Virgem: "Bendita és tu entre as mulheres".
- Construção do tabernáculo [da reunião] e o cestinho de Moisés: simbolismo destas duas coisas.
- Sermão em louvor da Bem-aventurada Virgem: "Ao que pedia água deu leite"; natureza da pomba e da rola; os três elementos que compõem a vela e os quatro versículos do cântico "Agora deixa, ó Senhor, que teu servo": significado de tudo isso.

Exórdio

1. "Como o incenso que exala fragrância nos dias do verão; como o fogo refulgente e o incenso que queima no fogo" (Eclo 50,8-9).

Diz Cristo no Eclesiástico: "Eu sou como o Rio Diorix e como um curso de água saí de um jardim" (Eclo 24,41).

Diorix (canal de derivação) interpreta-se "medicina da geração", e indica Jesus Cristo, que é a medicina do gênero humano, corrompido em Adão. Jesus Cristo, como um canal de irrigação e como um curso de água, saiu "do jardim", quer dizer, do ventre virginal, porque, no momento em que assumiu a carne da Virgem, tornou-se para nós, por meio da água do batismo, como um rio no que se refere à fé, e como canal de irrigação no que se refere à paixão, na qual derramou seu sangue, com o qual curou as nossas feridas; tornou-se curso de água no que se refere à infusão da graça. Por meio dele, com efeito, como através de um curso de água, o Pai infunde em nós a graça. Por isso, no fim de cada oração dizemos: Por Jesus Cristo, nosso Senhor.

Diz o Gênesis: "Ora, o Senhor Deus tinha plantado, desde o princípio, um paraíso de delícias..., no qual pôs o homem para que o cultivasse e o guardasse" (Gn 2,8.15). Mas o homem cultivou-o mal e mal o guardou. Foi, pois, necessário que o Senhor Deus plantasse outro jardim, muito melhor, isto é, a Bem-aventurada Virgem Maria, ao qual retornassem os exilados do primeiro. E nesse novo jardim foi posto o segundo Adão, que o cultivou e o guardou. Fez grandes coisas, conforme disse o próprio "jardim": "Fez em mim grandes coisas aquele que é poderoso e santo é o seu nome" (Lc 1,49). O que nós chamamos santo, os gregos dizem *ágion*, que literalmente significa "sem terra" (*a*, sem; *gè*, terra), já que aqueles que são consagrados ao seu (de Deus) nome não devem dirigir suas aspirações para a terra, mas para o céu. Guardou-o, porque o manteve na sua integridade; cultivou-o, quando o fecundou; conservou-o, quando não violou sua flor.

No princípio, a terra, maldita na obra de Adão, produziu espinhos e abrolhos depois do trabalho. A nossa terra, isto é, a Bem-aventurada Virgem, ao contrário, sem a ação do homem, produziu o fruto bendito, que hoje ofereceu a Deus no templo. E, portanto, com razão, dizemos: "Como incenso que exala fragrância nos dias do verão" etc.

2. Incenso, em latim: *thus*, deriva de *tundo*, pisar, porque os grãos de incenso, antes de serem queimados, são pisados e reduzidos a pó; e por isso alguns escrevem *tus*, sem h. Outros afirmam que deriva do grego *Theós* (Deus), a quem é oferecido, e, portanto, escrevem-no com h: *thus*. A Bem-aventurada Virgem, nas palavras do Eclesiástico, diz: "Como de líbano antes do corte perfumei a minha habitação" (Eclo 24,21). O incenso é uma planta da Arábia, árvore grandiosa, que produz um suco aromático, e toma o seu nome

de um monte da Arábia: com efeito, o monte onde se recolhe o incenso é chamado Líbano. E o incenso é recolhido duas vezes por ano, no outono e na primavera.

O líbano antes do corte é figura da Virgem Maria, que nunca sofreu incisão com algum ferro de concupiscência. Maria perfuma com o amor a alma na qual habita, quer dizer, enche-a do perfume das virtudes. De sua emanação, aquela alma exala o perfume da humildade e da castidade. A Virgem Maria, que pelo candor de sua vida é chamada Líbano, que significa brancura, exalou de si mesma o incenso perfumado, quer dizer, a humanidade de Jesus Cristo, de cujo perfume encheu-se o mundo todo.

Na dupla colheita do incenso é representada a dupla "oblação" de Cristo. Primeiro, ofereceu-o a Mãe no templo, "segundo a prescrição de Moisés" (Lc 2,22); depois, Cristo ofereceu a si mesmo em sacrifício a Deus Pai para a reconciliação do gênero humano. Na primeira oblação foi *thus*, incenso (de *Theós*, Deus), isto é, oferecido a Deus; na segunda foi *tus*, incenso (de *tundo*, pisar) porque foi pisado pelos nossos pecados. E então foi "incenso que exala fragrância nos dias do verão", isto é, no auge da perseguição judaica.

Sobre a primeira oblação, que hoje celebramos, faremos algumas considerações em louvor à gloriosa Virgem Maria.

I – A primeira oblação de Cristo

3. No Livro dos Juízes, onde se fala de Débora, lemos: "Bendita entre as mulheres seja Jael, esposa de Heber, cineu, e bendita seja na sua tenda. Ela deu leite ao que lhe pedia água, e numa taça de príncipes ofereceu-lhe manteiga. Estendeu a mão esquerda para o prego da tenda, e a direita a um martelo de operário; e buscando na cabeça o lugar para ferir, deu o golpe em Sísara, transpassando-lhe com força as têmporas" (Jz 5,24-26). E ele, unindo o sono à morte, "desfaleceu imóvel e morreu" (Jz 5,27). Jael interpreta-se "cerva", e é figura da Virgem Maria.

Sobre isso, leia o sermão do III domingo da Quaresma, parte V, sobre o evangelho: "Elevando a voz, uma mulher disse: Bendito o ventre".

Essas coisas foram ditas pela esposa de Heber, cineu. Heber significa "participante", cineu é "possuidor", e é figura de Jesus Cristo, que, participante de nossa natureza, diz com as palavras de Salomão nas parábolas: "O Senhor possuiu-me no princípio dos seus caminhos" (Pr 8,22).

Os caminhos do Senhor são suas obras, no princípio das quais possuiu a sabedoria, porque no princípio da criação, que estava por nascer, teve o Filho, para ordenar com Ele todas as coisas. Outra tradução diz assim: "O Senhor criou-me princípio dos seus caminhos nas suas obras". É o que se lê da Encarnação do Senhor: O Senhor criou-me segundo a carne. A carne reconhece o Senhor; a glória significa o Pai; a criatura reconhece o Senhor; o amor conhece o Pai, isto é, o princípio, ou no princípio de seus caminhos, como Ele próprio diz: "Eu sou o Caminho" (Jo 14,6), que guia a Igreja para a vida. Na sua obra, que era a de redimir, foi criado de uma Virgem. Portanto, sua carne esteve em função de sua obra; a sua divindade existiu antes de sua obra. A virgem Maria foi, pois, chamada também sua "esposa", porque Ele repousou no seu tálamo e teve dela a carne. Seja, pois, bendita na sua tenda. "Todas as gerações [disse ela] chamar-me-ão bem-aventurada!" (Lc 1,48). Na sua tenda é bendita, porque nela repousou aquele que a havia criado.

Em seu louvor, que está acima de todo o louvor, todo o assunto se exaure; e em seu louvor, toda a língua balbucia, porque a matéria é inexaurível. E já que a devoção quer dizer dela alguma coisa, por pouco que seja, propomos algumas considerações sobre a "tenda", como que indo às apalpadelas.

II – A Virgem Maria, tenda de Cristo

4. "Bendita seja Jael no seu tabernáculo." No Êxodo, o Senhor falou a Moisés, dizendo: "Assim farás o tabernáculo da reunião: farás dez cortinas de linho retorcido, de jacinto, de púrpura e de escarlate tingido duas vezes e bordadas de maneira variada. Farás onze telas

de pele de cabra para cobrir a parte superior do tabernáculo. Farás ainda uma outra cobertura de peles de carneiro, tingidas de vermelho, e sobre esta, mais outra cobertura de peles de cor roxa. Farás também de madeira de setim [acácia] as tábuas do tabernáculo, que hão de ser levantadas" (Ex 26,1.7.14-15).

Em relação a esta passagem, a *História escolástica* (Comestor) diz: "O tabernáculo era a casa dedicada a Deus; era quadrangular e oblonga, fechada por três paredes: ao norte, ao sul e a oeste. O ingresso abria-se livremente para o Oriente, a fim de que ao surgir do sol fosse iluminado por seus raios.

Seu comprimento era de trinta côvados, a largura de dez e de dez também a altura. No lado meridional erguiam-se vinte tábuas de madeira de setim, cada uma com dez côvados de comprimento, um côvado e meio de largura e quatro dedos de espessura. Estavam unidas entre si encastoadas, de maneira que não houvesse fissura alguma ou desnível na parede; eram douradas de ambos os lados, e cada uma era posta sobre duas bases perfuradas de prata e nos furos fixavam-se os gonzos de ouro.

Com o mesmo sistema era construída a parede setentrional. A Ocidente, porém, havia sete tábuas, mas em tudo semelhantes às outras e erguidas sobre suas bases com o mesmo sistema. Sobre as tábuas levantadas com esta precisão foi posto o teto, formado pelas quatro coberturas mencionadas, isto é, pelas cortinas, pelas telas de lã de cabra e de peles tingidas de vermelho e daquelas tingidas de azul.

O tabernáculo é figura da Virgem Maria, no qual Cristo se armou com a couraça da justiça e com o capacete da salvação, para triunfar sobre as potências invisíveis.

Sobre o significado destas armas, veja o comentário ao trecho evangélico "Quando um homem forte, bem armado..." no sermão do III domingo da Quaresma, parte II.

Maria é a casa dedicada a Deus, consagrada com a unção do Espírito Santo, quadrangular pelas quatro principais virtudes, oblonga pela perseverança final, fechada com três paredes de virtudes contra o Setentrião, o Meridião e Ocidente. No Setentrião é representada a tentação do diabo, no Meridião, a falácia do mundo, no Ocidente, a ruína do pecado.

Foi fechada a Setentrião. De fato, lemos no Livro do Gênesis: "Ela te esmagará a cabeça, e tu lhe armarás ciladas ao calcanhar" (Gn 3,15). A Bem-aventurada Virgem esmagou a cabeça, isto é, a raiz da sugestão diabólica, quando emitiu o voto de virgindade. Mas [o diabo] armou-lhe ciladas ao calcanhar, quando, no fim, mandou prender e crucificar seu Filho pelos judeus.

Foi igualmente fechada a Meridião. Escreve Lucas: "Entrando onde ela estava, o anjo disse: Ave, cheia de graça, o Senhor está contigo" (Lc 1,28). Estava dentro, estava fechada a casa onde o anjo entrou. E porque estava dentro, mereceu ser bendita. De fato, não são os de fora que merecem ser considerados dignos da saudação do anjo, nem dignos que a eles se diga: Ave!; mas antes, como diz Amós: "A todos os que estão fora, dir-se-á: *Vae*! Ai, ai!" (Am 5,16). Com efeito, não agrada a Deus a saudação que é só exterior. Lemos em Mateus que o Senhor censura aqueles que buscam ser saudados nas praças (cf. Mt 23,7).

Realmente, quem está fora, na praça ou em público, não merece ser saudado por Deus ou por um anjo, que amam o secreto. Enviando os apóstolos em missão, Jesus diz: "Não saudeis a ninguém pelo caminho"; mas "em qualquer casa em que entrardes, dizei: Paz a esta casa!" (Lc 10,4-5); isto é, mandou saudar não aqueles que estavam pela estrada, e nem aqueles que trabalhavam fora, nos campos, mas aqueles que estavam em casa. Portanto, aqueles que estão fora, são privados da saudação divina.

5. Foi fechada também a Ocidente. No Livro do Êxodo diz-se que Moisés (recém-nascido) permaneceu escondido por três meses. E quando não foi mais possível mantê-lo escondido, a mãe tomou um cestinho de juncos, calafetou-o com betume e pez, colocou dentro o menininho e o deixou num juncal à margem do rio (cf. Ex 2,2-3).

Vejamos o que significam Moisés e os três meses, o cestinho de juncos, o betume e o pez, e o que representa o rio.

Moisés é Jesus Cristo, que permaneceu escondido três meses, isto é, por três períodos: antes da criação do mundo, da criação até Moisés e de Moisés até a anunciação da Bem-aventurada Virgem Maria, que foi como que o cestinho de vimes, fechada por todos os lados como com betume e pez.

O cestinho é feito de vimes, gracioso. E os três elementos com os quais é construído simbolizam as três principais virtudes da Virgem Maria. No vime é indicada a humildade, no betume a virgindade e no pez a pobreza. O vime deve seu nome a *vis* (força), porque tem grande força de verdor; é de tal natureza que, se for molhado, volta a ser verde ainda que já esteja seco; portanto, cortado e plantado na terra, lança logo as raízes. Esta é a humildade, que tem tão grande força de verdor, que mesmo se é desprezada e jogada fora como seca, todavia plantada no terreno, ao qual o humilde está sempre voltado, lança raízes ainda mais profundas. Por isso, na Bem-aventurada Virgem, quase como num cestinho de vimes, foi escondido Jesus Cristo, e foi exposto na água corrente, isto é, neste mundo: a filha do Rei, isto é, a Santa Igreja, adotou-o como filho (*Glosa*).

O juncal é um lugar cheio de longas ervas, chamadas juncos; é chamado também canavial, e pode ser também um lugar cheio de espinhos. A Bem-aventurada Virgem foi quase fechada nessa tríplice vegetação, para que a sugestão diabólica, a hipocrisia do mundo e a atração do pecado não pudessem violá-la. Dessa tríplice proteção fala-se no Cântico dos Cânticos: "Jardim fechado és tu, irmã minha, jardim fechado, fonte selada" (Ct 4,12). A Bem-aventurada Virgem é chamada irmã de Cristo por causa da ligação da carne. Ela foi "jardim fechado" com o muro da humildade contra o Setentrião; jardim fechado com o muro da pobreza contra o Meridião; "fonte selada" com o selo da virgindade contra o Ocidente. Estas são as tábuas, douradas de ambos os lados, unidas inseparavelmente, perfeitamente niveladas e colocadas em bases de prata, quer dizer, sobre a pureza da intenção e sobre a proclamação do louvor divino.

6. Igualmente, sobre esta tríplice clausura e sobre o Oriente, de onde o tabernáculo é iluminado, tens uma concordância naquilo que diz Ezequiel: "Fez-me voltar para o caminho da porta do santuário exterior, que olhava para o Oriente, e que estava fechada. E o Senhor me disse: Esta porta estará fechada; não se abrirá e ninguém passará por ela, porque o Senhor Deus de Israel entrou por ela, e ela estará fechada para o príncipe. O príncipe sentar-se-á nela para comer o pão diante do Senhor" (Ez 44,1-3).

A porta é chamada assim porque através dela pode-se levar ou exportar alguma coisa, e é figura da Bem-aventurada Virgem, porque através dela exportamos os dons das graças. Esta foi a porta do santuário exterior, não do interior. O santuário interior é a divindade, o exterior a humanidade. "O Pai deu a majestade, a Mãe deu a fraqueza" (Agostinho). O caminho desta porta foi a humildade, virtude para a qual, segundo o profeta, cada um deve voltar-se.

A humildade da Virgem voltou-se para o Oriente, para ser iluminada por seus raios. Por bem três vezes esta porta é dita fechada, porque a Bem-aventurada Virgem, como já foi explicado, foi fechada a Setentrião, a Meridião e a Ocidente. Foi aberta na humildade só a Oriente, isto é, a Jesus Cristo, que veio do céu. Por isso é dito: "Ninguém passará por ela", quer dizer, "José não a conhecerá"; e "será fechada ao príncipe", entendendo com isso o diabo, que é o príncipe deste mundo, a cujas sugestões ela foi fechada, porque sua alma não se abriu a tentação alguma, como sua carne ignorou o contato de homem. Somente o verdadeiro Príncipe, isto é, Cristo Jesus, tomou morada nela, aceitando a humilhação da carne, para comer o pão diante do Senhor, isto é, para fazer a vontade do Pai que o havia enviado (cf. Jo 4,34). Às tábuas das virtudes assim dispostas é sobreposto o teto de cortinas, de telas de lã de cabra e de peles tingidas de vermelho e de azul. "Só na Virgem Maria é resumida a vida de todos os santos; só ela é capaz, está em condições de praticar, de possuir todas as virtudes" (Ambrósio).

Observa que a Igreja de Cristo se divide em militante e triunfante. A Igreja militante tem as cortinas e as telas de lã de cabra; a

Igreja triunfante tem as peles tingidas de vermelho e de azul. Nas cortinas bordadas, tecidas de várias cores, isto é, trabalhadas à mão com fineza e fantasia, são representados todos os justos da Igreja militante. No tecido de linho são representados os bons religiosos que guardam o candor da castidade e praticam a abstinência corporal. Na seda são representados aqueles que, abandonadas todas as coisas terrenas, consagraram-se unicamente à doçura da contemplação. Na púrpura são representados aqueles que se crucificam na memória da paixão do Senhor e, quase em êxtase diante do Crucificado, contemplam-no com os olhos da mente enquanto pende do patíbulo, enquanto efunde do lado água e sangue e quando, inclinada a cabeça, exala o espírito, e a este espetáculo aprofundam-se em lágrimas irreprimíveis. No pano escarlate, tingido duas vezes, são representados aqueles que ardem de amor a Deus e ao próximo. Nas telas de lã de cabra são representados os penitentes, que expiam na cinza e no cilício as culpas cometidas.

Sobre estes últimos leia também aquilo que está escrito no Evangelho da Páscoa do Senhor, lá pelo fim, na IV parte.

Depois, nas peles tingidas de vermelho são indicados todos os mártires, que lavaram suas vestes no sangue do Cordeiro (cf. Ap 7,14); triunfando sobre o mundo, eles chegaram à Igreja triunfante coroados de louro. Nas peles tingidas de azul são indicados todos os confessores da fé, cuja aspiração foi somente o céu, e assim passaram da esperança para a visão.

A Virgem Maria, enquanto aqui esteve na Igreja militante, possuiu as virtudes de todos os justos. Diz-se no Eclesiástico: "Em mim há toda a graça do caminho e da verdade, em mim toda a esperança da vida e da virtude" (Eclo 24,25). Teve também uma imensa piedade pelos penitentes. Por isso, nas bodas de Caná disse: "Não têm mais vinho" (Jo 2,3), como para dizer: Derrama, ó Filho, sobre os penitentes a graça do teu amor, porque estão privados do vinho da compunção. Agora, certamente, reina na glória, na qual goza o prêmio de todos os santos, porque foi exaltada acima de todos os coros dos anjos.

Eis "o tabernáculo construído por mão de homem, isto é, não pertencente a esta criação" (Hb 9,11), mas construído e consagrado com a graça do Espírito Santo. Digamos, por isso: "Bendita seja Jael no seu tabernáculo!"

III – As várias oblações da Virgem

7. Lemos no Livro dos Juízes: "Deu leite ao que lhe pedia água, e numa taça de príncipes ofereceu-lhe manteiga" (Jz 5,25). Sísara interpreta-se "exclusão do gozo", e é figura do diabo que, excluído do gozo da vida eterna, tenta de todos os modos excluir dele também os fiéis cristãos. A ele, que pedia a água da concupiscência, a nossa Jael deu leite. Foi por divino conselho que o mistério da Encarnação do Senhor ficou escondido ao diabo. Vendo que a Bem-aventurada Virgem era casada, que estava grávida e que o aleitava, o diabo pensou que também ela estivesse sujeita à concupiscência e ao pecado, e por isso propôs-se exigir dela, quase como preço, a água da concupiscência. Mas a Virgem, aleitando o Filho, enganou o diabo e, desse modo, o matou com o prego do tabernáculo e com o martelo. No prego, que serve para fixar e fechar o tabernáculo, é representada a virgindade de Maria; no martelo, que tem a figura de um tau (T), é representada a cruz de Cristo. Jael, pois, ou seja, a Virgem Maria, matou o inimigo, o diabo, com a virgindade do seu corpo e com a paixão de seu Filho pregado na cruz. Por isso, diz-se no Livro de Judite: "Uma mulher hebreia, sozinha, lançou a confusão na casa do Rei Nabucodonosor: de fato, eis aí Holofernes, estendido por terra e sem a cabeça o seu corpo" (Jt 14,16).

Adonai, Senhor, Deus grande e admirável, a ti o louvor e a glória: a ti, que nos deste a salvação por mão de tua Filha e Mãe, a gloriosa Virgem Maria!

Na passagem acima citada, demos atenção às palavras "ofereceu manteiga numa taça de príncipes". São estas as palavras que nos ofereceram a ocasião para as considerações preliminares. Vejamos agora o que representam a taça, o príncipe e a manteiga. Na taça é representada a humilde condição do pobre; nos príncipes, os apóstolos; na manteiga, a humanidade de Cristo.

Na sua humilde condição de pobreza – na qual também os "príncipes" (os apóstolos) teriam se encontrado, ricos na fé mas pobres neste mundo – Maria ofereceu no templo a manteiga, quer dizer, o Filho que havia gerado, do qual diz Isaías: "Nutrir-se-á de manteiga e mel" (Is 7,15). No mel é indicada a divindade, na manteiga, a humanidade do Salvador. Nutriu-se de mel e de manteiga quando uniu a si mesmo a natureza divina e a humana, e por isso "aprendeu", quer dizer, agiu de maneira que também nós aprendêssemos "a rejeitar o mal e a escolher o bem" (Is 7,15).

Na sua pobreza, Maria ofereceu o Filho, e com Ele a oferta dos pobres, isto é, "um par de rolas ou dois pombinhos" (Lc 2,24), como prescrevia a lei de Deus: "Se uma mulher, tendo concebido, der à luz um menino, será impura por sete dias" (Lv 12,2). Excetuada, porém, aquela que deu à luz permanecendo virgem. Nem o Filho nem a Mãe tinham necessidade de fazer ofertas para se purificar; mas o fizeram para que nós fôssemos libertados do temor da lei, isto é, da prescrição da lei que era observada por medo. E continuava a lei: Quando se completarem os dias de sua purificação, isto é, depois de quarenta dias, oferecerá um cordeiro no ingresso do tabernáculo. Se não o encontrar ou não tiver a possibilidade de oferecer um cordeiro, oferecerá duas rolas, ou dois pombinhos (cf. Lv 12,6.8). Esta era a oferta dos pobres, que não tinham a possibilidade de oferecer um cordeiro, e isso é dito para que em tudo fosse manifesta a humildade e a pobreza do Senhor e de sua Mãe. Os que são verdadeiramente pobres fazem esta oferta ao Senhor.

8. Observa que se a rola perde o companheiro, fica para sempre sem ele e andará solitária. Não bebe água clara e não pousa em ramo verde. Além disso, a pomba é também simples (cf. Mt 10,16). Tem o ninho mais rústico e pobre do que os outros pássaros; não fere ninguém com as unhas e com o bico; não vive de rapina; com o bico, alimenta seus filhotes com aquilo de que ela mesma se alimenta; não

come cadáveres; nunca ataca os outros pássaros, nem os menores; alimenta-se de grão limpo; aquece sob suas asas, como se fossem seus, os filhotes dos outros; mora junto aos rios para defender-se do falcão; faz o ninho entre as pedras; quando ameaça tempestade refugia-se no ninho; defende-se com as asas; voa em grupo; seu canto é como um gemido; é fecunda e nutre os gêmeos. E observa ainda que quando a pomba nidifica e os filhotes crescem, o macho vai bicar na terra salgada, põe no bico dos filhotes aquilo que bicou, para que se habituem ao alimento. E se a fêmea, pelo sofrimento do parto, tarda a voltar, o macho a bica e a empurra com a força para dentro do ninho.

Também os pobres de espírito, isto é, os verdadeiros penitentes, já que pecando mortalmente perderam seu "companheiro", isto é, Jesus Cristo, vivem solitários, na solidão do espírito e do corpo, longe do tumulto das coisas temporais. Não bebem a água clara dos gozos terrenos, mas aquela turva da dor e do pranto. "A minha alma [diz o Senhor] está perturbada. O que direi?" (Jo 12,27). Não sobem no ramo verdejante da glória temporal, do qual diz Ezequiel: "Levam o ramo às narinas" (Ez 8,17). Os luxuriosos levam às narinas o ramo da glória temporal para não sentir o fedor do pecado e o mau cheiro do inferno.

Além disso [os verdadeiros penitentes] são simples como as pombas. O lugar onde moram e o próprio leito sobre o qual dormem é rústico e pobre. Não ofendem a ninguém, antes, perdoam a quem os ofende. Não vivem de rapina, mas distribuem suas coisas. Confortam e sustentam com a palavra da pregação aqueles que lhes são confiados e participam com alegria aos outros a graça que lhes foi dada. Não se unem ao cadáver, isto é, ao pecado mortal. Diz o verso: "Alguns são mortos à espada, outros de morte natural"[2].

Não escandalizam, nem o grande nem o pequeno. Alimentam-se do grão puro, isto é, da pregação da Igreja, e não daquela dos hereges, que é imunda. Feitos tudo para todos, promovem tanto a salvação

2. Não se conhece o autor desta expressão.

dos estranhos quanto a dos próximos: amam a todos no coração de Jesus Cristo. Residem sobre os rios da Sagrada Escritura, para prevenir de longe a tentação do diabo, que trama para roubá-los e, assim, defender-se deles.

Fazem seu ninho na cavidade da pedra, isto é, na ferida do lado de Cristo, e se ameaça a tempestade da tentação carnal, correm para o lado de Cristo e ali se refugiam, e oram com o profeta: "Sê para mim, Senhor, torre firme diante do adversário" (Sl 60,4); e ainda: "Sê Tu, ó Deus, a minha proteção" (Sl 70,3). Não se defendem com as unhas da vingança, mas com as asas da humildade e da paciência. "A melhor maneira de vencer [diz o Filósofo] é a paciência" (Publílio Siro); e ainda: "O refúgio das desventuras é a sabedoria" (WALTHER. *Carmina*). Em união com a Igreja, com a comunidade dos fiéis e junto com eles, elevam-se às coisas celestes. Seu canto é um gemido. Sua melodia são as lágrimas e os suspiros. Repletos de boa vontade nutrem, com o máximo escrúpulo, os "dois gêmeos", isto é, o amor a Deus e ao próximo.

Observa ainda que o penitente deve ter duas virtudes: a misericórdia e a justiça. A misericórdia é, por assim dizer, a fêmea que guarda os filhotes; a justiça é o macho. A terra salgada é a carne de Cristo, cheia de amargura, da qual o penitente deve sugar a amargura e o salgado, pô-los na boca dos filhotes, isto é, de suas obras, a fim de que, acostumados a tal alimento, vivam sempre na dor e na amargura, crucificando a carne com seus vícios e sua concupiscência (cf. Gl 5,24). E depois, não se deve esquecer que a discrição (a prudência) é a mãe de todas as virtudes e sem ela não se deve oferecer o sacrifício; portanto, se a pomba, isto é, a misericórdia, tarda a voltar para seus filhotes [para as obras boas], por causa do parto, isto é, da dor, dos gemidos e do arrependimento, a justiça, enquanto macho, deve orientá-la e guiá-la com uma certa energia a fim de que nutra os filhotes [as obras boas] e nutrindo-os, os guarde. Portanto, doa-se o penitente de seu pecado e faça penitência, mas de maneira a não subtrair de si mesmo o necessário, sem o qual não poderia viver. Pois, o sumo sacerdote, Jesus Cristo, libertará de todo o fluxo de sangue, isto é, de toda a impureza do pecado, aquele que oferecer semelhantes rolas e pombas.

Mas retornemos agora aos assuntos dos quais nos afastamos um pouco, concluindo com as palavras: "Como incenso que exala fragrância nos dias de verão".

9. "Como chama fulgurante e incenso que arde no fogo." Hoje, os fiéis cristãos levam fogo fulgurante com a vela, que é formada de cera e de pavio. Na chamazinha é simbolizada a divindade, na cera a humanidade, no pavio a aspereza da paixão do Senhor.

Assim como hoje a Bem-aventurada Virgem levou e ofereceu no templo o Filho de Deus e seu, da mesma forma, simbolicamente, hoje os fiéis levam e oferecem o fogo, oferecendo a vela.

E nestes três elementos é indicada a verdadeira penitência: no fogo, o ardor da contrição, que arranca todas as raízes dos vícios; na cera, a confissão do pecado: como a cera se derrete diante do fogo (cf. Sl 67,3), assim pelo ardor do arrependimento flui da boca de quem se confessa a acusação do seu pecado, enquanto correm as lágrimas; no pavio, a aspereza da expiação e da reparação.

Nesses três atos está Jesus, isto é, a salvação do homem; e quem os tiver oferecido a Deus, poderá dizer com o justo Simeão: "Agora, Senhor, deixa que teu servo vá em paz segundo a tua palavra; porque os meus olhos viram a tua salvação, preparada por ti diante de todos os povos, luz para iluminar as nações e glória do teu povo Israel" (Lc 2,29-32).

Observa que nestes quatro versículos são indicadas as quatro bem-aventuranças do penitente. A primeira bem-aventurança consiste no perdão total dos pecados e na tranquilidade da consciência: "Deixa que teu servo vá em paz". A segunda bem-aventurança consiste na separação da alma do corpo, quando poderá ver aquele no que acreditou e que desejou: "porque os meus olhos viram a tua salvação". A terceira bem-aventurança chegará no exame do último juízo, quando será dito: Dai-lhe do fruto de suas mãos e suas obras o louvem às portas da eternidade (cf. Pr 31,31): "preparada por ti diante de todos os povos" (Lc 2,31). A quarta bem-aventurança será no esplendor da glória eterna, na qual verá face a face e conhecerá como é conhecido (cf. 1Cor 13,12): "luz para iluminar as nações e glória do teu povo Israel". Com razão, pois, é dito: "Como chama fulgurante e incenso que arde ao fogo".

Jesus Cristo refulgiu como fogo aos pastores na sua natividade, aos magos na sua manifestação (Epifania), a Simeão e Ana, que profetizavam, na purificação de sua Mãe. Na sua paixão, porém, ardeu como incenso no fogo e de seu perfume se encheram os céus, a terra e os infernos; os anjos do céu alegraram-se pela redenção do gênero humano; na terra, os mortos foram ressuscitados, os prisioneiros do inferno foram libertados.

Rogamos-te, pois, ó Senhora nossa, eleita Mãe de Deus, que nos purifiques do sangue de nossos pecados, nos conduzas ao fogo esplendente da contrição, à cera da confissão e ao pavio da expiação, a fim de que, assim, possamos chegar à glória da Jerusalém celeste. No-lo conceda aquele que hoje ofereceste no templo: a Ele seja a honra e a glória nos séculos dos séculos. Amém.

Assunção da Bem-aventurada Virgem Maria

Temas do sermão

"Como um vaso de ouro maciço"

- "Lugar de nossa santificação", e "Beleza do altíssimo céu é o firmamento".
- "Cipreste que se eleva para o alto."

Exórdio- A dignidade da Virgem gloriosa

1. "Como um vaso de ouro maciço, ornado de toda a espécie de pedras preciosas; como a oliveira que brota e como o cipreste que se eleva para o alto" (Eclo 50,10-11).

Diz Jeremias: "O trono da glória da altura desde o princípio, lugar de nossa santificação, esperança de Israel" (Jr 17,12-13). O trono, como se dissesse assento sólido, é chamado assim do verbo "sentar-se". O trono de glória é a Bem-aventurada Maria, que em tudo foi sólida e íntegra: nela esteve a glória do Pai, isto é, o Filho sábio, antes, a própria Sabedoria, Jesus Cristo, quando dela assumiu a carne. Lemos no salmo: "Para que a glória habite em nossa terra" (Sl 84,10). A glória da altura, isto é, dos anjos, habitou na terra, isto é, na nossa carne. A Virgem Maria foi o trono da glória, isto é, de Jesus Cristo, que é a glória da altura, quer dizer, dos anjos. Com efeito, diz o Eclesiástico: "Firmamento da altura é sua beleza, beleza do céu na visão da glória" (Eclo 43,1).

Jesus Cristo é o "firmamento" (de *firmus*), no sentido de sustento, da altura, isto é, da sublimidade angélica, que Ele mesmo confirmou, enquanto o [anjo] apóstata precipitava-se com seus sequazes. Lemos em Jó: "Por acaso, foste tu a fabricar com Ele os céus, que são tão sólidos como se fossem de bronze fundido?" (Jó 37,18). Como se dissesse: Não foi talvez a Sabedoria do Pai que fabricou os céus, isto é, a natureza angélica? Donde a afirmação "No princípio Deus criou o céu" (Gn 1,1): por "céu" entende-se aquilo que no céu está contido. Quando os anjos rebeldes foram tirados com as correntes do inferno (cf. 2Pd 2,4), os anjos fiéis, que permaneceram unidos ao Sumo Bem, foram confirmados na estabilidade como no bronze. Na perenidade do bronze é representada a eterna estabilidade dos anjos fiéis. Jesus Cristo, "firmamento" da sublimidade angélica, é também sua beleza. De fato, Ele sacia com a beleza de sua humanidade os que confirmou com o poder de sua divindade. Existe também o esplendor do céu, isto é, de todas as almas que habitam nos céus; esplendor que consiste na visão da glória. Pois, enquanto contemplam face a face a glória do Pai, resplandecem eles próprios de glória. Eis, pois, quão grande é a dignidade da Virgem gloriosa, que mereceu ser Mãe daquele que é o "firmamento" e a beleza dos anjos e o esplendor de todos os santos.

2. "Trono de glória da altura desde o princípio", isto é, da criação do mundo, Maria foi predestinada a ser Mãe de Deus com poder, segundo o espírito de santificação (cf. Rm 1,4). E continua: "Lugar de nossa santificação, esperança de Israel". A Bem-aventurada Virgem foi o lugar de nossa santificação, isto é, do Filho de Deus, que nos santificou. Desse lugar, Ele próprio diz em Isaías: "O abeto, o buxo e o pinheiro juntos servirão para ornamentar o lugar da minha santificação; e eu glorificarei o lugar onde repousam os meus pés" (Is 60,13). O abeto é assim chamado (latim: *abies* de *abeo*, vou embora) porque mais do que as outras árvores eleva-se para o alto e representa os contemplativos. O buxo, porém, não se eleva para o alto nem produz fruto, mas tem um verdor perene, e indica os neófitos, que se mantêm numa viva fé de um verdor perene.

O pinheiro é uma árvore que deve seu nome à forma aguçada de suas folhas, tanto que os antigos o chamavam "agudo"; ele indica os penitentes que, conscientes de seus pecados, com a agudez da contrição ferem seu coração, para dele fazer surgir o sangue das lágrimas.

Todos estes, isto é, os contemplativos, os fiéis e os penitentes, nesta solenidade vêm "honrar" com a devoção, com o louvor e a celebração a Virgem Maria, que foi o lugar da santificação de Jesus Cristo, na qual Ele próprio se santificou. Diz João: "Por eles eu santifico a mim mesmo" (Jo 17,19), de uma santificação criada, "a fim de que eles sejam santificados na verdade" (Jo 17,19), isto é, em mim, que em mim mesmo, Verbo, santifico a mim mesmo como homem; quer dizer, por meio de mim, Verbo, encho a mim mesmo de todos os bens.

"E glorificarei o lugar onde repousam os meus pés." Os pés do Senhor representam a sua humanidade; deles Moisés diz no Deuteronômio: "Aqueles que se aproximarem de seus pés receberão a sua doutrina" (Dt 33,3). Ninguém pode aproximar-se dos pés do Senhor se antes, como é dito no Êxodo, não tirar o calçado, isto é, as obras mortas, de seus pés (cf. Ex 3,5), quer dizer, dos afetos da mente. Aproxima-te, pois, com os pés descalços e receberás a sua doutrina. Daí a palavra de Isaías: "A quem comunicará Ele a ciência e a quem dará a inteligência das coisas ouvidas? Aos que estão desmamados do leite e separados dos seios" (Is 28,9). Quem se afasta do leite da concupiscência do mundo e se separa dos seios da gula e da luxúria, será digno de ser introduzido na ciência divina nesta vida, e de ouvir que lhe dizem na vida futura: "Vinde, benditos de meu Pai!" (Mt 25,34).

O lugar dos pés do Senhor foi a Virgem Maria, da qual Ele recebeu a humanidade; e hoje glorificou aquele "lugar", porque exaltou Maria acima dos coros dos anjos. Por isso, é claro para ti que a Bem-aventurada Virgem foi assunta ao céu também com o corpo, que foi o lugar dos pés do Senhor. Lemos no salmo: "Levanta-te, Senhor, e vem ao lugar do teu repouso, Tu e a arca de tua santificação" (Sl 131,8). O Senhor levantou-se quando subiu à direita do Pai. Levantou-se também a arca de sua santificação quando, neste dia, a Virgem Mãe foi assunta ao tálamo etéreo, à glória celeste. Está escrito no Gênesis que a arca parou sobre os montes da Armênia (cf. Gn 8,4). Armênia interpreta-se "monte separado", e representa a natureza angélica, que é chamada monte em relação aos anjos que ficaram fiéis, e separado em referência aos que se precipitaram no inferno. A arca do verdadeiro Noé, que nos fez repousar de nossos trabalhos, na terra maldita pelo Senhor (cf. Gn 5,29), parou neste dia sobre os montes da Armênia, quer dizer, sobre os coros dos anjos.

Em louvor da Bem-aventurada Virgem, que é a esperança de Israel, isto é, do povo cristão, e para o maior decoro de tão grande solenidade, exporei a citação trazida no início: "Como um vaso de ouro maciço, ornado de toda espécie de pedras preciosas; como a oliveira que brota e como o cipreste que se eleva para o alto" (Eclo 50,10-11).

Santidade e glória da Bem-aventurada Virgem Maria

3. Observa estas três entidades: o vaso, a oliveira, o cipreste. A Bem--aventurada Virgem foi um "vaso" pela humildade, "de ouro" pela pobreza, "maciço" pela virgindade, "ornado de toda espécie de pedras preciosas" pelos privilégios e dons recebidos. A concavidade do vaso torna-o apto a receber aquilo que nele se puser e, portanto, representa a humildade que acolhe a graça das celestes infusões. O orgulho, porém, impede tais infusões. O Senhor, no Êxodo, ordenou que no altar fosse aberta uma cavidade, para ali colocar as cinzas do sacrifício (cf. Ex 27,4). Na cavidade da humildade deposita-se a cinza, isto é, a lembrança de nossa caducidade. Por isso, Jeremias diz do penitente: "Porá sua boca na sepultura" (Lm 3,29), isto é, falará da sepultura que seguirá à sua morte. E lemos ainda no Gênesis que Abraão sepultou Sara numa caverna dupla, que olhava para Mambré (cf. Gn 23,19). A dupla caverna representa a humildade do coração e a do corpo, na qual o justo deve sepultar sua alma, fora do tumulto das coisas temporais, e esta humildade deve olhar para Mambré, que significa "clareza", e indica o esplendor da vida eterna e não aquele da glória mundana. Para o primeiro olhou a humildade da Bem-aventurada Virgem; e, portanto, mereceu ser olhada (cf. Lc 1,48).

E porque a humildade se guarda e se conserva com a pobreza, é chamada vaso de ouro. Com razão a pobreza é chamada "de ouro", porque torna ricos e resplendentes aqueles que a praticam. Onde estiver a verdadeira pobreza, ali há o que é suficiente. Onde existe a abundância, existe também a indigência. Por isso diz o Filósofo: "Raramente sucede que a abundância não produza algum dano" (WALTHER. *Carmina*). E ainda: "Não considero pobre aquele ao qual basta aquilo que tem, por pouco que seja" (Sêneca). E Bernardo escreve: "No céu havia grande abundância de todas as coisas; só a pobreza não se encontrava ali. Mas a pobreza abundava na terra e o homem não conhecia o seu valor. O Filho de Deus veio, pois, procurá-la a fim de torná-la preciosa com sua estima.

Sobre este ouro [da pobreza] lemos no Gênesis que "na terra de Hévila existe ouro, e o ouro daquele país é puríssimo" (Gn 2,11-12). Hévila interpreta-se "parturiente" e indica a Bem-aventurada Virgem que, dando à luz o Filho de Deus, envolveu-o em panos da áurea pobreza. Ó esplêndido ouro da pobreza! Quem não te possui, ainda que tenha tudo o mais, não tem nada! Os bens temporais incham e inchando esvaziam. Na pobreza existe a alegria, nas riquezas existe a tristeza e o lamento. Afinal, diz Salomão nas parábolas: "É melhor um bocado de pão seco com a alegria, do que um vitelo gordo com a discórdia, ou uma casa cheia de vítimas" (Pr 17,1), isto é, de riquezas roubadas aos pobres com a violência.

E ainda: "O espírito tranquilo é como um perene banquete. O pouco, com o temor do Senhor, vale mais do que os grandes tesouros, que nunca saciam" (Pr 15,1516); e "Melhor é habitar num deserto – isto é, na pobreza – do que com uma mulher litigiosa e irascível" (Pr 21,19), isto é, na abundância das coisas materiais. E enfim: "É melhor estar sentado num canto do terraço – isto é, na humildade da pobreza – do que ter uma mulher litigiosa e a casa em comum com outros" (Pr 21,9).

E porque a humildade e a pobreza da Bem-aventurada Virgem foram ornadas com a pureza, acrescenta-se: "Vaso de ouro maciço". A Bem-aventurada Virgem foi "maciça" pela virgindade, e, portanto, pôde conter a sabedoria. Ao contrário, "o coração do insensato", como diz Salomão, é como um vaso quebrado que não pode conter a sabedoria (cf. Eclo 21,17). Esse vaso, hoje foi adornado de toda espécie de pedras preciosas, isto é, de todos os privilégios de dons celestes. Recebeu as recompensas de todos os santos aquela que gerou o Criador e o Redentor de todos. Sobre este vaso, ornado de toda espécie de pedras preciosas, concorda aquilo que lemos no Livro de Ester, onde se narra que "tendo esta de entrar na presença do rei, não procurou ornamentos femininos: o eunuco Egeu, guarda das virgens, deu-lhe as roupas que ele próprio escolheu. Ela era muito formosa e de incrível beleza e aparecia amável e graciosa aos olhos de todos. Foi, pois, introduzida na câmara do Rei Assuero. E o rei a amou mais do que todas as outras mulheres e pôs sobre sua cabeça o diadema do reino" (Est 2,15-17).

Ester significa "escondida", Egeu, "solene", Assuero, "bem-aventurança". Ester é figura da Bem-aventurada Virgem Maria, que permaneceu escondida, fechada de todos os lados, e o próprio anjo a encontrou escondida. Egeu, o guarda das virgens, é figura de Cristo. Verdadeiramente, convém que às virgens seja indicado tal guarda, que é solene e casto: solene, e festivo, para não entristecer os pusilânimes; casto para não ofender a pureza das virgens, mas para guardá-la e defendê-la. E é bom que estas duas qualidades estejam unidas, porque geralmente acontece que o afeto é prejudicado pela excessiva alegria (familiaridade), ou que o casto sentimento seja acompanhado de uma exagerada severidade.

Cristo teve estas duas qualidades em sumo grau e é, portanto, o perfeito guarda das virgens. Como Egeu, Cristo "correu festivo ao encontro das mulheres, dizendo: 'Saúde a vós!'" (Mt 28,9). Mas fez isso somente após a ressurreição, quando já estava com o corpo imortal. Antes, foi tão reservado que nunca se lê que tenha saudado mulheres. Também os apóstolos, diz João, admiraram-se que estivesse falando com uma mulher (cf. Jo 4,27). Cristo adornou a nossa Ester, isto é, a Virgem Maria, tanto mais ricamente quanto ela mesma não procurou ornamentos femininos; e não quis ter nem a si mesma nem algum outro como "ornador", mas confiou-se totalmente à vontade do "Guarda", pelo qual foi adornada de modo tão sublime, que hoje é exaltada acima dos anjos.

Esta nossa Ester foi muito formosa quando foi saudada pelo anjo, foi de incrível beleza quando foi coberta pelo Espírito Santo, foi graciosa e amável aos olhos de todos quando concebeu o Filho de Deus. Depois de ter concebido o Filho de Deus, seu rosto tornou-se tão resplandecente pelo fulgor da graça, que nem José podia fixar nela o olhar. E isso não é de admirar. Se os israelitas, como diz São Paulo, não podiam olhar para o rosto de Moisés, por causa do esplendor, mesmo efêmero, de seu semblante (cf. 2Cor 3,7); e se o Êxodo diz que "Aarão e os israelitas vendo o rosto de Moisés radiante de luz, depois de ter falado com o Senhor, tiveram medo de aproximar-se dele" (Ex 34,29-30): muito menos José ousava aproximar-se e fixar o olhar no rosto da Virgem gloriosa, tornado fulgente pelos raios do verdadeiro Sol que trazia no seio. O verdadeiro Sol era como que coberto por uma nuvem, mas emitia raios de áureo fulgor através dos olhos e do rosto de sua Mãe. Esse rosto é adornado de todas as graças, e é estupendo aos olhos dos anjos: eles desejam fixar nele o olhar (cf. 1Pd 1,12), porque brilha como o sol quando resplandece em todo o seu fulgor (cf. Ap 1,16). E a Bem-aventurada Virgem é graciosa e amável a todo o universo, porque foi achada digna de trazer o Salvador de todos.

Esta nossa gloriosa Ester é hoje levada pela mão dos anjos à presença do Rei Assuero, isto é, à morada celeste, na qual, sobre um trono de estrelas, está sentado o Rei dos Reis, a Bem-aventurança dos anjos, Cristo Jesus, que amou a Virgem gloriosa mais do que todas as mulheres, porque dela tomou a humana carne, e ela, mais do que todas as mulheres, encontrou diante dele graça e misericórdia.

Ó incomparável dignidade de Maria, ó inefável sublimidade de graça, ó imperscrutável abismo de misericórdia! Quando a um anjo ou a um homem foi ou será dada tamanha graça e tamanha misericórdia, quanta foi dada à Bem-aventurada Virgem, que Deus Pai quis que fosse a Mãe de seu Filho, igual a si mesmo e gerado antes de todos os séculos? Seria considerada uma graça grandíssima e uma dignidade sublime, se qualquer pobre mulher pudesse ter um filho do imperador. Verdadeiramente superior a toda a graça foi a de Maria, que teve o Filho com o Eterno Pai, e, portanto, hoje mereceu ser coroada no céu.

Por isso acrescenta: "E lhe pôs sobre a cabeça o diadema real". E no Cântico dos Cânticos lemos: "Saí, filhas de Sião, e admirai o Rei Salomão com o diadema com o qual sua mãe o coroou, no dia do seu esponsalício" (Ct 3,11). A Bem-aventurada Virgem Maria coroou o Filho de Deus com o diadema da humana carne no dia do seu esponsalício, isto é, da concepção do Filho, pelo qual a natureza divina foi unida, como um esposo, à natureza humana no tálamo da própria Virgem; e por isso, o Filho coroou hoje sua Mãe com o diadema da glória celeste. Saí, pois, e admirai a mãe de Salomão, com o diadema com o qual seu Filho a coroou, no dia de sua assunção. Com razão, por isso, dizemos: "Como um vaso de ouro maciço, ornado com toda espécie de pedras preciosas".

4. "Como a oliveira que brota." A oliveira é a árvore, a azeitona é o fruto, o azeite é o suco. A oliveira produz primeiro uma flor perfumada, da qual se forma a azeitona, que primeiro é verde, depois vermelha e enfim chega à maturação. A Bem-aventurada Ana [mãe de Maria] foi como que a árvore de oliveira, da qual brotou a cândida flor de perfume incomparável, isto é, a Virgem Maria, que foi verde na concepção e na natividade do Filho de Deus. Diz-se verde (*viridis*) enquanto conserva a força (*vim*). Na concepção e no nascimento do Salvador, a Bem-aventurada Virgem permaneceu verde, conservou a força, o valor da virgindade: permaneceu virgem antes do parto e no parto; foi vermelha na paixão do Filho, quando a espada traspassou sua alma (cf. Lc 2,35); chegou à maturação na solenidade de hoje, brotando, isto é, desabrochando na alegria, na bem-aventurança da glória celeste.

Por isso, participando de sua alegria, cantamos no introito da missa de hoje: "Alegremo-nos todos no Senhor..." Nesta missa lê-se o trecho do evangelho que começa: "Jesus entrou numa aldeia..." (Lc 10,38). Aldeia, em latim *castellum*, ou *castrum*, fortificação, soa quase como casto, quer dizer que nele é apagada a luxúria. O inimigo, assaltando continuamente a fortificação pelo lado de fora, impede que os habitantes se entreguem ao repouso, isto é, se entreguem à luxúria. A persistência da luta contra a fortificação trunca o estímulo da luxúria[3].

Observa que a fortificação consta de um círculo de muros e de uma torre posta ao centro. A fortificação é a Virgem Maria que refulgiu na castidade mais perfeita, e, portanto, nela entrou o Senhor. A muralha de defesa, ao redor da torre posta ao centro, foi sua virgindade. A torre de defesa da muralha foi a humildade. A torre é chamada assim porque é (em latim) *teres*, isto é, reta e alta. A humildade da Virgem Maria foi reta e alta: reta, porque olhou só para aquele que por sua vez olhou para a sua humildade (cf. Lc 1,48); alta, porque quando ela proferiu as palavras da humildade: "Eis aqui a serva do Senhor" (Lc 1,38), foi eleita Rainha do céu. A Virgem Maria foi também Marta e Maria. Foi Maria, quando envolveu em panos o menino Jesus, quando o depôs na manjedoura, quando o amamentou ao seu seio cheio de céu, quando se refugiou com Ele no Egito e quando retornou à pátria; foi Maria, enquanto "guardava – como diz Lucas – todas estas palavras, meditando-as no seu coração" (Lc 2,19).

5. "Como cipreste que se eleva para o alto." A Bem-aventurada Virgem Maria, como um cipreste, eleva-se hoje mais alto do que todos os anjos.

Sobre isso lemos em Ezequiel: "Sobre o firmamento que estava sobre as cabeças dos [quatro] seres vivos apareceu algo como uma pedra de safira em forma de trono e sobre esta espécie de trono, no alto, havia uma semelhança de homem sentado" (Ez 1,26). Nos quatro seres vivos são representados todos os santos, ornados das quatro virtudes, instruídos na doutrina dos quatro Evangelhos. No firmamento são indicadas as tropas angélicas, confirmadas pelo poder do Onipotente. No trono é indicada a Virgem Maria, na qual o Senhor

3 Em latim há um jogo de palavras que na tradução não é possível reproduzir: a constância da luta contra o *castrum*, *castra*, o estímulo da luxúria.

se humilhou quando assumiu dela a carne humana. O Filho do homem é Jesus Cristo, Filho de Deus e do homem. Eis então que na glória celeste, que está acima da cabeça dos quatro seres vivos, isto é, de todos os santos, existe o firmamento, quer dizer, os anjos; e acima dos anjos, o trono, isto é, a Bem-aventurada Virgem: e sobre o trono, o Filho do homem, Jesus Cristo.

Rogamos-te, pois, ó Senhora nossa, ínclita Mãe de Deus, exaltada acima dos coros dos anjos, que enchas o vaso de nosso coração com a graça celeste; que nos faças resplandecer com o ouro da sabedoria; que nos sustentes com o poder de tua intercessão; que nos ornes com as pedras preciosas de tuas virtudes; que derrames sobre nós, ó azeitona bendita, o azeite de tua misericórdia, com o qual cubras a multidão dos nossos pecados, e assim sejamos considerados dignos de ser elevados às alturas da glória celeste e viver felizes para sempre com os bem-aventurados.

No-lo conceda Jesus Cristo, teu Filho, que hoje te exaltou acima dos coros dos anjos, coroou-te com o diadema do reino e te colocou sobre o trono do eterno esplendor. A Ele seja a honra e a glória pelos séculos eternos. E toda a igreja responda: Amém. Aleluia!

Purificação da Bem-aventurada Virgem Maria

1. "Depois que se completaram os dias da purificação de Maria, segundo a lei de Moisés, levaram o menino a Jerusalém para apresentá-lo ao Senhor..." (Lc 2,22).

Neste evangelho consideramos três eventos: a apresentação de Jesus no templo, a realização das esperanças do justo Simeão e sua bênção profética.

I – A apresentação de Jesus Cristo

2. "Depois que se completaram os dias da purificação de Maria" etc. Sobre esta primeira parte do evangelho podem ser feitas três aplicações morais e considerar: a purificação da alma, o seu oferecimento e, por último, seu ingresso no templo do céu.

Antes de mais nada, porém, ouçamos a Escritura: "O Senhor falou a Moisés (Lv 12,1-2): Se uma mulher, tendo concebido, der à luz um menino, será impura sete dias", excetuada aquela que deu à luz permanecendo virgem. Portanto, nem o Filho nem a Mãe tinham necessidade de ser purificados com sacrifícios, mas o fizeram somente para que nós fôssemos libertados do temor da lei, isto é, da observância da lei, que era observada somente por medo.

Estava estabelecido que no oitavo dia (do nascimento) o menino fosse circuncidado, e que trinta e três dias depois da circuncisão fosse levado ao templo e que por ele fossem oferecidos sacrifícios, isto é, um cordeiro de um ano. Mas quem não tinha a possibilidade de ter um cordeiro, oferecia duas rolas, ou dois pombinhos. Além disso, Josefo [Flávio] escreve: O primogênito era resgatado com cinco siclos.

A Virgem Maria, sendo pobrezinha, fez a oferta dos pobres pelo filho pobre, para que em tudo se manifestasse claramente a humildade do Senhor.

Lá onde se diz: "Todo o varão primogênito" etc. (Lc 2,23), a lei deve ser entendida segundo o que se diz no Livro do Êxodo: "Reservarás para o Senhor todo o primogênito desde o seio materno; todo o primogênito dos animais, se for do sexo masculino, pertence ao Senhor" (Ex 13,12). Por isso, os primogênitos dos filhos de Levi eram oferecidos ao Senhor [e não eram resgatados] e serviam permanentemente ao Senhor. Os primogênitos dos outros eram oferecidos e resgatados. Os primogênitos dos animais, aptos a serem imolados, constituíam as ofertas destinadas aos sacerdotes. Dos primogênitos dos animais imundos, não oferecidos, alguns eram resgatados, como, por exemplo, o primogênito do jumento, que era substituído com a oferta de uma ovelha; outros não eram resgatados, mas eram mortos, como, por exemplo, o primogênito do cão.

3. "Depois que se completaram os dias da purificação de Maria." Maria, nome que significa "iluminada", ou "mar amargo", ou também "senhora", representa a alma do justo, iluminada no batismo; é mar amargo pela contrição do coração e as aflições do corpo, e será senhora no reino, quando for unida ao eterno Soberano.

Entretanto, enquanto estiver no exílio, tem necessidade de purificação, porque se mancha com muitas impurezas. De fato, diz o Eclesiástico: "Purifica-te, oferecendo as costas (das vítimas), e purifica-te da tua negligência com os poucos" (Eclo 7,33-34). Purificar significa deixar o solo limpo, depois de ter removido toda a impureza. Purifica-te antecipadamente, isto é, antes de ser julgado, oferecendo as costas, isto é, com as obras de misericórdia; e da negligência em relação aos mandamentos purifica-te com "os poucos": afinal, são poucos os que se preocupam de purificar-se de tais negligências. Lê-se na História natural que as pombas removem e lançam fora dos ninhos o esterco de seus filhotes e mantêm o ninho limpo; e quando os filhotes crescem, ensinam-lhes a fazer o mesmo. Assim também os justos purificam suas impurezas e as de seus súditos, e ensinam-lhes a fazer o mesmo. De fato, lemos em Jeremias: "Ensinai a vossas filhas cânticos lúgubres e cada uma à sua vizinha os cantos das lamentações. Porque a morte entrou por nossas janelas, introduziu-se em nossas casas" (Jr 9,20-21). É como se dissesse: O pecado mortal entra na alma através dos sentidos do corpo, mas é rejeitado por meio da medicina, ou seja, com o lamento da penitência. Quando alguém se sente pesado por alimentos malsãos, para libertar-se toma um purgante. Sobre isso diz o Eclesiástico: "O Senhor criou os medicamentos da terra e o homem prudente não os despreza" (Eclo 38,4). A terra é nossa carne; os medicamentos representam a penitência.

Da carne da serpente chamada *thirus* faz-se a teriaga (contraveneno), e da nossa carne vem a medicina da alma, isto é, a penitência. E o homem prudente, quando se sente oprimido pela pestilência do pecado, nunca se recusa a tomar aquela medicina (a penitência), mesmo que seja amarga, porque através da bebida amarga chega-se à alegria da cura. É uma grande insensatez perder a saúde e correr o risco de morrer, recusando um pouco de amargura. Lemos no Livro dos Provérbios: "Isso não vale nada, isso não vale nada, diz todo o comprador; mas ao se retirar, então se gloriará" (Pr 20,14). Também o doente diz: "Esta bebida é demasiadamente amarga de se beber"

(Is 24,9); mas quando a doença se afastar, então se gloriará. E assim faz também o pecador que diz: A penitência é amarga; mas quando a alma for purificada da culpa, então se gloriará na glória celeste.

4. "Depois de se cumprirem os dias da purificação de Maria." A alma assim purificada, assim limpa, deve oferecer "um par de rolas, ou dois pombinhos" (Lc 2,24). Nas duas rolas são representadas duas espécies de castidade; nos dois pombinhos, duas espécies de compunção (arrependimento). Falemos de ambos.

A rola, por causa de seu canto, é chamada de ave pudica. Se ficar sem seu companheiro, não se une a outros, mas anda solitária e gemente. Ama a solidão. No inverno, desce para os vales e se refugia, quase sem penas, nas cavidades das árvores; no verão, porém, sobe à montanha e ali procura uma morada. Da mesma maneira, o verdadeiro penitente, purificado pela mortificação da mente e do corpo, já não tolera convivência alguma com o pecado mortal, porque, como diz Isaías, "o leito é tão estreito que um dos dois há de cair, e o cobertor é tão curto que não pode cobrir a ambos" (Is 28,20). É como se dissesse: A consciência do justo é tão estreita, pelo temor de Deus, que o diabo não encontra ali lugar para o repouso, porque os santos, como diz Jó, "que amaldiçoam o dia", isto é, a prosperidade mundana, "estão prontos para suscitar o leviatã" (Jó 3,8); e o cobertor da graça divina, embora seja muito grande, parece ao justo sempre curto e estreito, de maneira que não pode cobrir duas pessoas, isto é, o esposo e o adúltero, quer dizer, Cristo e o pecado mortal.

Além disso, o justo, enquanto vive neste corpo, está no exílio, distante do Senhor (cf. 2Cor 5,6), isto é, está privado de seu amado; e por isso, vaga solitário, não se confunde com a turba *turbata* (agitada), mas anda gemendo e diz: "Senhor, diante de ti está todo o meu desejo, e o meu gemido não te é oculto" (Sl 37,10); ama a solidão da mente e do corpo, e portanto diz: "Eis que me afastei fugindo, e permaneci no deserto" (Sl 54,8). Durante o inverno da mísera condição presente, sem as penas das coisas temporais, contenta-se com as coisas humildes; mas quando chega o verão do eterno esplendor, então voará para as alturas da pátria celeste.

A pomba tem como canto o gemido, porque todo o seu interior está cheio de fel e, portanto, parece que se lamenta pelo excesso de amargura. No entanto, alguns sustentam que a pomba não tem fel: realmente, não o tem no mesmo lugar que as outras aves; escolhe sempre o grão puro; habita sobre as águas correntes para defender-se do falcão; faz o ninho nas fendas do rochedo. Assim o penitente prorrompe em gemidos de dor, porque é todo cheio da amargura da contrição. Com efeito diz: "Pio como uma andorinha, gemo como uma pomba" (Is 38,14).

Lemos na História natural que se a um filhote de andorinha forem extraídos os olhos, eles voltam novamente. O penitente, tendo perdido o olho do amor divino, lamenta-se e pede para recuperá-lo. Na amargura de sua alma, ele recorda os anos de sua vida (cf. Is 38,15), não retribui mal com mal; não vive das coisas mortas da rapina; antes, dá o que é seu aos outros; esforça-se por tirar ao diabo os pecadores e nutri-los com o alimento da vida eterna; escolhe só o grão puro da fé católica; detém-se sobre as águas correntes das lágrimas para defender-se da fraude do diabo; refugia-se nas chagas de Cristo, nas quais constrói o ninho da esperança e coloca ali seus filhotes, isto é, suas boas obras.

A *Glosa* faz aqui uma aplicação diferente: "Quem não dispõe de um cordeiro [para o resgate], isto é, das riquezas de uma vida inocente, recorra às lágrimas da compunção, que são representadas nos gemidos da rola e da pomba. Há duas espécies de compunção: aquela causada pelo medo dos castigos ameaçados pelos pecados, e aquela que sentimos quando, ardendo no desejo dos bens celestes, gememos para que os castigos nos sejam adiados. E, portanto, é-nos ordenado que ofereçamos duas rolas ou dois pombinhos: um em holocausto, quando somos inflamados de amor pelos bens celestes; o outro pelo pecado, quando choramos pelas culpas cometidas. Por outro lado, "os primogênitos" representam o bom início de nossa atividade, que carregamos, por assim dizer, no coração e que devemos atribuir à graça de Deus. As obras más, porém, somos exortados a expiá-las com os frutos da penitência. Enfim, os cinco siclos, com os quais resgatamos o nosso primogênito, consistem em condoer-nos do nosso passado, em expô-lo claramente na confissão, em participar nos sofrimentos do próximo, em temer todas as coisas do mundo e em perseverar até o fim.

Quem for purificado desse modo, quem for oferecido com tais sacrifícios e resgatado a tal preço, sem dúvida, será acolhido por mão dos anjos no templo do céu.

II – O cumprimento das esperanças do justo Simeão

5. "Havia então em Jerusalém um homem chamado Simeão" (Lc 2,25). Simeão interpreta-se "que ouve a aflição" (cf. Gn 29,33) e representa o penitente que, quer coma, quer beba, quer faça qualquer outra coisa, sempre ouve a terrível voz que diz: "Ressurgi, ó mortos, e vinde ao juízo!", e diz com Jó: "Eu já te ouvi com a audição do ouvido, mas agora te vejo com meus olhos. Por isso, acuso-me a mim mesmo e faço penitência no pó e na cinza" (Jó 42,5-6). Observa que não é dito "com o ouvido", mas "com a audição do ouvido". O insensato, como o jumento, ouve somente o som da palavra de Deus; o sábio, porém, percebe sua força e a conserva no coração.

Lê-se na História natural que, se as orelhas dos cervos estiverem levantadas, eles ouvem com muita agudez; porém, se estiverem abaixadas, não ouvem nada. Os que são do mundo dirigem os ouvidos para o mundo e, portanto, não estão em condições de ouvir as coisas de Deus. "Por isso vós não ouvis: porque não sois de Deus" (Jo 8,47). Os justos, porém, sendo de Deus, dirigem o ouvido para o alto para ouvir a aflição. "A aflição é uma dor silenciosa" (Isidoro). "Com a audição do ouvido ouvi" que pregavas: "Fazei penitência!" (Mt 4,17). "Agora, porém, vejo-te com os meus olhos" pendente da cruz. E também: "Ouvi-te" afirmar no juízo: "Tive fome e me destes de comer..." (Mt 25,35); "agora meu ouvido te vê" sentado, em aspecto terrível, sobre o trono da tua majestade, e portanto acuso-me na confissão "e faço penitência" na humilhação da mente e na aflição do corpo.

O justo Simeão está em Jerusalém, porque sua morada está nos céus. Ele era um "homem justo e temente a Deus, e esperava a consolação de Israel. E o Espírito Santo estava nele" (Lc 2,25-26). Diz-se "justo", porque respeitava os direitos dos outros e vivia segundo a lei.

O temor servil consiste em abster-se do mal por causa do castigo, e não pelo prazer da justiça. A caridade expulsa o temor, quando a iniquidade não atrai, nem se lhe for proposta a impunidade. O temor casto, porém, é aquele que a alma tem de perder a própria graça: a graça que a fez não encontrar mais prazer em pecar; é o temor que a graça a abandone, mesmo se não for punida com nenhum castigo. A caridade nunca expulsa esse temor, porque ele dura para sempre (cf. Sl 18,10). Aqueles que ainda são peregrinos devem ter o temor maior; menor será aquele dos proficientes, isto é, daqueles que estão próximos à meta; nulo, o daqueles que já chegaram. O penitente, pois, é justo para si mesmo, temente em relação a Deus, e no temor filial espera não tanto a sua consolação quanto a do próximo. E assim a graça do Espírito Santo está nele e de sua inspiração recebe a promessa segura que não verá a morte eterna, mas contemplará Cristo face a face.

Portanto, "movido pelo Espírito, Simeão foi ao templo" (Lc 2,27). Templo significa "teto amplo": o teto protege e, sendo amplo, acolhe a multidão. O templo representa o amor a Deus e ao próximo: o amor a Deus protege, o amor ao próximo acolhe. Em tal templo, ninguém pode entrar a não ser em espírito: não na carne, porque é o espírito que vivifica, "e o Espírito é Deus" (Jo 4,24); a carne, porém, não aproveita para nada (cf. Jo 6,64).

6. E Lucas continua: "E levando os pais o menino Jesus, para cumprirem as prescrições da lei a seu respeito" (Lc 2,27). Observa que diz "o menino Jesus" (*puerum Iesum*) e não "o Jesus menino" (*Iesum puerum*). Comenta a *Glosa*: Já que a puerícia começa depois dos sete anos da infância, com frequência Jesus é chamado *puer* (servo) não tanto pela idade quanto pelo serviço. Donde diz o profeta: "Eis o meu servo" (Is 42,1; Mt 12,18); porque "o Filho do homem não veio para ser servido, mas para servir" (Mt 20,28). Portanto, para nós Ele foi sobretudo servo, que nos serviu, conforme aquilo que diz Isaías: "Tu me tornaste como um escravo com teus pecados e me causaste pena com as tuas iniquidades" (Is 43,24). Serviu-nos fielmente por

trinta e três anos; depois trabalhou tanto por nós a ponto de suar sangue e, finalmente, por nosso amor enfrentou a morte.

Ó caríssimos, que recompensa poderemos dar a um servo tão fiel? "O que poderá ser proporcional a seus serviços?" (Tb 12,2). Certamente poderemos dizer-lhe como Tobias a Rafael: "Ainda que eu me entregasse a ti como escravo, não poderia corresponder dignamente aos teus cuidados" (Tb 9,2). E, infelizes de nós, que recompensa lhe demos? No-lo disse Ele próprio: "Retribuíram-me o bem com o mal, uma desolação para a minha alma" (Sl 34,12), porque não permitimos que o sangue de sua paixão desse fruto em nós. Por isso, [Jesus] deu sua vida para conquistar a nossa; mas nós o privamos desse fruto [de sua paixão], quando com o pecado mortal entregamos nossa alma ao diabo.

Com razão, pois, diz "o servo Jesus" (*puerum Iesum*), porque primeiro nos serviu e depois nos salvou. E ninguém há de ser Jesus, isto é, salvo, se antes não for *puer*, isto é, servo.

III – A bênção de Simeão

7. "Simeão o tomou em seus braços" (Lc 2,28). Grande humildade a do Salvador! Aquele que não é contido pelo espaço, é sustentado pelos braços de um idoso. O velho homem toma o menino, ensinando-nos a despojar-nos do homem velho, que se corrompe, e a vestir aquele que foi criado segundo Deus (cf. Cl 3,9-10). Carrega Cristo nos braços aquele que acolhe a palavra de Deus não apenas com a boca, mas também com as obras da caridade, como fazia Jó quando dizia: "Lacero as minhas carnes com meus dentes, e trago a minha vida nas minhas mãos" (Jó 13,14). Os dentes, assim chamados porque de certo modo dividem (*dividentes*), são as censuras e as acusações da confissão, com as quais o justo lacera suas carnes, isto é, seus pecados carnais e, desse modo, carrega sua alma nas mãos de suas obras, pronto a restituí-la ao seu Criador, em qualquer momento que voltar a pedi-la; e então, com Simeão bendirá a Deus: "Agora, Senhor, podes deixar teu servo partir em paz segundo a tua palavra" (Lc 2,29).

O servo que serviu por muito tempo e que por muito tempo trabalhou, é pelo Senhor deixado em paz segundo a palavra da paz. Também

Estêvão "adormeceu no Senhor" (At 7,60). Com efeito, esta é a palavra do Senhor: Vinde a mim vós todos que estais cansados e oprimidos, e eu vos darei descanso (cf. Mt 11,28). Por isso, segundo a tua palavra, deixa agora ir em paz o teu servo. Eis o *puer* e Jesus, eis o servo e a salvação, porque é deixado ir em paz. Agora deixa-me ir, porque até agora trabalhei, até agora esperei, mas agora, isto é, no fim de minha mísera condição presente, deixa, Senhor, que teu servo vá em paz.

Sobre isso lemos em Jó: "Quem deixou livre o onagro, o asno selvagem, e quem soltou suas amarras? A ele dei por casa o deserto, por morada, a terra estéril" (Jó 39,5-6). O onagro é o penitente, ao qual Deus, no presente estado de miséria, dá a casa no deserto da mente e uma morada de batalha, onde combate e é combatido na amargura do coração. Dessas duas coisas fala Jeremias: Impelido por tua mão, eu estava sentado solitário, porque me havias enchido de amargura (cf. Jr 15,17). Aquele ao qual Deus dá tais coisas nesta vida, na morte o deixa livre da culpa e lhe solta as correntes do castigo. "Agora, pois, deixa que o teu servo vá em paz, segundo a tua palavra."

8. "Porque meus olhos viram a tua salvação" (Lc 2,30). Observa que Deus é visto de três modos: nesta vida, é visto com a fé, e é visto com a contemplação; na pátria, será visto face a face. Aqui temos três elementos: o ar, a água, a terra. A História natural diz que as aves que voam no ar, têm necessidade de uma vista aguda, porque assim, mesmo a grande altura, podem procurar e ver seu alimento. Os olhos dos peixes, porém, são úmidos (molhados), porque é necessário que tenham uma visão larga, por causa do espessor das águas. Mas as aves que não voam, que permanecem sempre em terra, como a galinha e semelhantes, não têm necessidade de vista muito aguda. Os pássaros do ar são figura das milícias angélicas no céu, que, nas alturas da pátria celeste, com vista aguda e penetrante, contemplam a Deus, seu alimento, "no qual [diz-se] os anjos desejam fixar o olhar" (1Pd 1,12). Os peixes nas águas são os contemplativos em pranto. Os olhos molhados são as contemplações da alma devota: eles têm uma vista ampla, por causa do espessor das águas, isto é, da própria con-

templação; realmente, ela é tão inacessível que não pode ser penetrada se o contemplativo não for dotado de uma vasta visão de devoção. Só então seus olhos veem a salvação de Deus. As aves que permanecem em terra representam aqueles que levam vida ativa; eles, como as galinhas, nutrem seus filhotes. Estes não têm uma vista muito aguda: no entanto, também eles veem a salvação de Deus.

"Que preparaste ante a face de todos os povos" (Lc 2,31). Concorda Isaías quando diz: "O Senhor preparou seu santo braço à vista de todos os povos" (Is 52,10). O braço do Pai é o Filho, que está pronto a abraçar o filho pródigo que retorna a Ele. Diz Lucas: "Correu-lhe ao encontro, lançou-lhe os braços ao pescoço e o beijou" (Lc 15,20). Na primeira vinda, o Pai apresentou o Filho a todos os povos, para que cressem nele e o amassem; na segunda vinda, apresentá-lo-á para que todos os povos o vejam (cf. Ap 1,7), e Ele retribua a cada um segundo as suas obras (cf. Mt 16,27; Rm 2,6). "Luz" é o próprio Salvador, por meio da graça, na vida presente "para iluminar os povos" (Lc 2,32). Por isso, o Pai, por boca de Isaías, diz: "Eu te estabeleci como aliança do povo e luz das nações, para abrires os olhos aos cegos" (Is 42,6-7); e Jó: "Tira os segredos das trevas e traz à luz a sombra da morte" (Jó 12,22). Esse menino, que é luz na vida presente, no futuro será "a glória do seu povo, Israel" (Lc 2,32), isto é, daqueles que veem a Deus. Digne-se conceder-nos essa glória aquele que é bendito nos séculos. Amém.

IV – Simeão alegórico

9. "A abelha é pequena entre os seres que voam, mas seu produto tem a primazia entre todos os sabores doces." É uma sentença do Eclesiástico (Eclo 11,3).

A História natural diz que a abelha gera sem coito, porque a força geradora está nela. A abelha de boa raça é pequena, redonda, sólida e compacta. A abelha é mais limpa do que os outros voláteis ou animais e, por isso, o mau cheiro a perturba, enquanto o cheiro bom a atrai. Não afugenta animal algum e quando voa não procura flores diferentes e não passa de uma flor a outra, saltando alguma delas, mas segundo sua necessidade faz a coleta numa flor e depois retorna para a colmeia. Seu alimento é o mel, porque vive daquilo que produz. Faz a casa na qual possa habitar o rei (a rainha) das abelhas. E sobre as paredes da colmeia começa a construir do alto, e nunca cessa de trabalhar, descendo pouco a pouco até chegar na parte mais baixa.

Assim a Virgem Maria, Senhora nossa, gerou o Filho de Deus sem união carnal, porque o Espírito Santo desceu sobre ela e o poder do Altíssimo estendeu sobre ela a sua sombra (cf. Lc 1,35). Essa boa abelha foi pequena pela humildade, redonda pela contemplação da glória celeste, que não tem princípio nem fim, sólida pela caridade – aquela que por nove meses carregou no seio o Amor não podia ser sem amor —, compacta pela pobreza, mais pura do que todos pela virgindade. Por isso o mau odor da luxúria, nem se deveria nomeá-lo, causa-lhe repugnância, enquanto a delicia o suave perfume da pureza e da castidade. Portanto, quem deseja agradar à Bem-aventurada Virgem Maria afugente a luxúria e pratique a pureza. Não foge de animal algum, isto é, de nenhum pecador; antes, acolhe a todos que a ela se dirigem e, por isso, é chamada Mãe da misericórdia: misericórdia para os miseráveis, esperança para os desesperados.

Diz o esposo do Cântico dos Cânticos: "Eu sou a flor do campo, o lírio dos vales" (Ct 2,1). A Virgem Maria escolheu esta flor, deixando todas as outras, a ela se uniu e dela recebeu tudo aquilo de que necessitava. E Nazaré, onde concebeu, interpreta-se "flor", e lugar por ela escolhido entre todos os outros. Com efeito, a flor que brota da raiz de Jessé (cf. Is 11,1) ama a pátria que produz flores. O alimento da Virgem Maria é o seu Filho, mel dos anjos, doçura de todos os santos. Vivia daquele que nutria e aquele ao qual ela oferecia o leite dava a ela a vida.

Essa boa abelha preparou a casa, isto é, sua alma, com a humildade, seu corpo com a virgindade, a fim de que naquela casa pudesse morar o rei dos anjos. Observa que a abelha começa a construir do alto. Também Maria começou a construir não de baixo, isto é, diante dos homens, mas do alto, na presença da divina majestade; e pouco a pouco, com discrição e ordem, chegou a ser conhecida pelos homens: e assim, aquela que já era eleita diante de Deus, tornou-se admirável também diante de todos os homens.

10. "Pequena entre os seres que voam é a abelha." Embora na Virgem Maria refuljam muitíssimas virtudes e todas em sumo grau, entre todas a humildade foi a maior. Por isso, quase esquecida das outras, manifesta antes de mais nada a humildade quando diz: "Ele olhou para a humildade de sua serva" (Lc 1,48); por isso se diz: pequena entre os seres que voam. Os seres que voam, isto é, seus méritos, voam até o mais alto dos céus. Com efeito, dela se diz: "Muitas filhas reuniram riquezas", isto é, praticaram as virtudes, "mas tu as superaste a todas" (Pr 31,29), porque mais do que todas voaste para o alto. E mesmo sendo repleta da riqueza de tantas virtudes e exaltada pela abundância de tantos méritos, foi pequena, isto é, humilde, a nossa abelha, que hoje, no templo, ofereceu a Deus Pai o favo, isto é, o Verbo encarnado, aquele que é Deus e homem.

No favo existe o mel e a cera, em Jesus menino, a divindade e a humanidade. A História natural nos diz que o mel bom vem da cera nova, e que o mel bom é semelhante ao ouro. A cera nova é a carne de Cristo, tomada da carne puríssima da Virgem gloriosa: nela existe o mel da divindade, indicada pelo ouro. De fato, está escrito: "A cabeça do amado é ouro puríssimo" (Ct 5,11). "Cabeça de Cristo é Deus" (1Cor 11,3). E por isso, hoje, nós levamos em procissão as velas, acesas no novo fogo, quase repetindo a procissão que hoje fizeram Maria e José, levando ao templo Jesus menino, e Simeão e Ana, profetizando e cantando louvores.

Dessa procissão diz o salmo: "Misericórdia e verdade se encontraram, justiça e paz se beijaram" (Sl 85,11). A misericórdia da nossa salvação está no Redentor; a verdade da promessa está em Simeão, ao qual o Espírito Santo tinha prometido que não veria a morte antes de ver Cristo Senhor (cf. Lc 2,26); a justiça (a santidade) está em Maria e José; a paz está na profetisa Ana, que nunca se afastava do templo, servindo a Deus noite e dia com jejuns e orações (Lc 2,37).

Eis, pois, que hoje a misericórdia foi ao templo e a verdade lhe foi ao encontro, porque Simeão acolheu Jesus menino e ali a justiça e a paz se beijaram. No beijo, deve-se notar a unidade e a concórdia: isso que Maria e José criam, também Ana o professou, e assim foram unidos num só espírito.

Observa, além disso, que na vela existem três elementos: a cera, o pavio e a chama. A cera é a carne de Jesus Cristo; o pavio é sua paixão; a chama de fogo é o poder de sua divindade. "Adorna a tua morada, ó Sião, e acolhe Cristo, o teu Rei" (Liturgia da Purificação), porque hoje o representas na vela, assim possas também levá-lo na tua alma. Na cera é representada a pureza do espírito, no pavio, a fraqueza da carne, na chama, o ardor da caridade. Quem leva a vela com esses sentimentos, revive dignamente o evento. Por isso, glória e honra à Abelha virgem, que hoje ofereceu a Deus Pai o Favo.

Além disso, dele se diz: "Seu produto detém o início da doçura". O produto da abelha simboliza o Filho da Virgem. Está escrito: "Bendito o fruto do teu ventre" (Lc 1,42), e "Seu fruto é doce ao meu paladar" (Ct 2,3). Esse fruto detém o início da doçura, mas detém também o meio e o fim, porque foi doce no seio, doce na manjedoura, doce no templo, doce no Egito, doce no batismo, doce no deserto, doce na palavra, doce no milagre, doce montado no jumentinho, doce na flagelação, doce sobre a cruz, doce no sepulcro, doce nos infernos e infinitamente doce será na glória do céu.

Ó doce Jesus, o que existe mais doce do que Tu? Tua memória é mais doce do que o mel e do que todas as outras doçuras. Teu nome é nome de doçura, nome de salvação. O que significa Jesus senão Salvador? Ó bom Jesus, sê para nós Jesus por causa de ti mesmo, para que Tu, que nos deste o início da doçura, isto é, a fé, nos dês também a esperança e a caridade, a fim de que, vivendo e morrendo nelas, mereçamos chegar a ti.

Pelas preces de tua Mãe, concede-nos isto Tu, que és bendito nos séculos. Amém.

V – Sermão moral

11. "Pequena é a abelha entre os animais que voam." O nome abelha deriva de *a* privativo, que significa sem, e *pes*, pé, porque parece nascer sem pés. Ou as abelhas se chamam assim porque ligam-se entre si com os pés.

Diz a História natural que a abelha pequena trabalha mais e tem quatro asas sutis; sua cor é escura e é como que queimada. As abelhas ornadas [mais belas] pertencem ao número daquelas que não fazem nada: andam solitárias, separadas, procuram a solidão e não fazem nada de bom. As abelhas operárias tiram as flores do salgueiro, esfregam-nas na superfície da colmeia e fazem isso unicamente para eliminar os animais nocivos, e se o ingresso da colmeia é largo, estreitam-no. Durante o inverno estão bem num lugar quente, no verão preferem um lugar fresco. Sentem a chegada do inverno e a chuva e isso se deduz do fato que nessas circunstâncias não saem para fora, nem se afastam, mas voam somente dentro das colmeias. E disso, os apicultores compreendem quando está para chegar a chuva. Observa além disso que sobretudo três coisas prejudicam as abelhas: o vento, a fumaça e os vermes. Quando se levanta um forte vento, as abelhas-guarda fecham as aberturas das colmeias, para que o vento não entre. Aqueles que pretendem tirar o mel às abelhas, defumam-nas, porque com a fumaça ficam atordoadas. Enfim, são prejudicadas pelos insetos e outros animaizinhos: se as abelhas são fortes, matam-nos e os tiram das colmeias. As outras abelhas, as fracas, pelos danos que sofrem de tais insetos, são freadas em sua atividade. Consideremos cada um desses fatos individualmente.

A abelha é figura do justo, cujos pés são os sentimentos de amor, não infundidos nele pela natureza, mas pela graça, já que por natureza somos todos filhos da ira (cf. Ef 2,3). Os justos estão mutuamente ligados por estes sentimentos e, por isso, o Apóstolo pode dizer: "Amai-vos reciprocamente" (Rm 12,10). E no Apocalipse está escrito que "os pés do anjo eram como colunas de fogo" (Ap 10,1). Assim, os sentimentos do justo, do cristão, devem ser coluna que sustenta a fragilidade dos outros, fogo para inflamá-los do amor de Deus.

A abelha pequena, isto é, o justo humilde, tem condições de realizar obras maiores. No Primeiro livro dos Reis, lemos que Davi diz: "Eu, teu servo, matei um leão e um urso" (1Sm 17,36). Quem se proclama servo, mostra-se humilde. No leão é representada a soberba; no urso, a luxúria. Quanto trabalho se exige para destruir em si mesmo estes dois vícios, só o sabe quem já o experimentou. E observa que primeiro é nomeado o leão, porque, se primeiro não se extirpar do coração a soberba, a luxúria da carne não pode ser vencida. As quatro asas do justo são o desprezo de si, a rejeição do mundo, o zelo pelo próximo e o desejo do reino; ou são também as quatro virtudes principais [cardeais], com as quais o justo se eleva da terra e penetra nas profundezas dos céus. Sua cor é escura, como que queimada; sobre isso lemos nas Lamentações: "O rosto deles tornou-se mais negro do que os carvões, e não são mais reconhecidos nas praças" (Lm 4,80). O carvão apagado é o pobre de Cristo: seu rosto enegreceu-se pela fome e pela sede, pelo trabalho e pelo suor, e, portanto, na praça do mundo, que é a glória humana, não é mais reconhecido.

As abelhas ornadas são os religiosos vãos e os hipócritas, que se gloriam de uma honestidade exterior e da observância de suas tradições, vivem separados, procuram a singularidade e, portanto, nada fazem de bom, porque querem agradar aos homens.

Depois, existem as abelhas operárias, que esfregam as colmeias com as flores do salgueiro. No salgueiro é representada a amargura da abstinência, das vigílias e das lágrimas, com as quais os penitentes afligem seu corpo e como que o ungem, para protegê-lo dos animais nocivos, isto é, da luxúria e de tudo o que induz ao mal. As pessoas carnais cobrem-se de mel, isto é, dos prazeres temporais e, por isso, são assaltadas por enxames de moscas, que são os maus pensamentos e as tentações, enquanto esses insetos fogem dos justos porque eles estão cobertos de amargura. "Nossa carne não teve alívio algum" (2Cor 7,5), afirma o Apóstolo. E se as aberturas da colmeia, isto é, os sentidos do corpo, são largas e abertas à sensualidade e à curiosidade, elas as estreitam e as reduzem. "Fechada a porta – isto é, os sentidos – entra no quarto da consciência e ali ora a teu Pai" (Mt 6,6).

No inverno, isto é, no tempo da adversidade, adapta-se aos justos um lugar quente, quer dizer, um espírito enérgico, para que a adversidade não os abata; no verão, porém, isto é, no tempo da prosperidade, a eles é mais adaptado um lugar fresco, isto é, um espírito constante e resoluto, a fim de que a prosperidade não os inche e os leve para a ruína. Com efeito, o calor dissolve, enquanto o frio restringe e consolida.

Sentem a chegada do inverno e da chuva, quer dizer, preveem as tentações. Em Jó fala-se assim do cavalo, isto é, do justo: "Cheira de longe a batalha, a exortação dos capitães e o alarido do exército" (Jó 39,25). Os capitães são as tentações sutis, que, sob a aparência da virtude, parecem exortar racionalmente; o exército é o apetite carnal, que, como um lobo, uiva abertamente. Mas o justo, com o olfato da discrição, percebe a ambos de longe e deles se acautela atentamente.

Tudo isso significa que o justo, quando percebe que a tentação está iminente, não sai (de si mesmo) através dos sentidos do corpo, mas recolhe-se em si, e ali eleva-se no voo da contemplação. Com efeito, lemos na Sabedoria: "Entrando em minha casa [isto é, na consciência] repousarei com a sabedoria" (Sb 8,16). A sabedoria deriva seu nome de *sabor*, aquilo que se experimenta na contemplação.

E observa ainda que existem sobretudo três coisas que prejudicam o justo: o vento da soberba: quando este sopra, o justo, que é guarda de si mesmo, deve fechar as aberturas das colmeias, isto é, dos sentidos do corpo, para que não seja prejudicado. Jó: "Levantou-se um vento muito forte nos lados do deserto, e abalou os quatro cantos da casa, que, caindo, esmagou os seus filhos" (Jó 1,19). Jó, que quer dizer "aquele que se dói", é o penitente; seus filhos são suas obras; a casa é a consciência; os quatro lados são as quatro virtudes cardeais; o deserto é a malícia do diabo; a soberba que irrompe impetuosa desse deserto abala a consciência, que é arrancada de sua estabilidade e cai; caindo destrói as obras da penitência, porque, antes da ruína, o coração se ensoberbece, e a soberba tem em si mesma a sua ruína (cf. Pr 18,12).

Depois, existe a fumaça da avareza, que cega os olhos dos sábios. Quando os demônios querem tirar de alguém a doçura do espírito, sopram-lhe contra a fumaça da concupiscência. Realmente, no Livro dos Juízes, diz-se que Abimelec – nome que significa "meu pai, rei" –, com todo o seu povo, cortou os ramos das árvores, fez com eles um grande montão, pôs-lhe fogo e incendiou a torre com todos os homens e mulheres que estavam lá; e assim aconteceu que pela fumaça e pelo fogo foram mortos cerca de mil pessoas (cf. Jz 9,48-49). A árvore é o mundo; seus ramos, as riquezas e os prazeres. O diabo, que é o pai e "o rei de todos os filhos da soberba" (Jó 41,25), com toda a turba dos demônios, corta as riquezas e os prazeres do mundo, põe-lhe por baixo o fogo da avareza e, ai, mata milhares de homens e mulheres com a fumaça da concupiscência.

Expostas essas coisas sobre as qualidades das abelhas, retornemos ao nosso assunto.

12. "Pequena é a abelha entre as criaturas que voam." As criaturas que voam são os santos. Deles diz Mateus: "Olhai as aves do céu", isto é, que se elevam para o céu da contemplação, "elas não semeiam" a vaidade, "nem colhem" a tempestade – afinal, de acordo com a semente vem o fruto –, "e por isso não amontoam" a condenação "nos celeiros" do inferno (Mt 6,26). Entre os que voam, existe a pequena abelha, isto é, o humilde penitente que se considera indigno de viver com eles (a companhia dos santos) e, por isso, faz-se pequeno; então, acontece-lhe o que segue: "Seu fruto detém o início da doçura". Sobre isso o salmo diz: "Será como uma árvore plantada junto à torrente de água" (Sl 1,3). A árvore é o penitente, que está plantado junto à torrente de água, isto é, na abundância das lágrimas e das graças; sua raiz é a humildade; o tronco que procede da raiz é a obediência; os ramos são as obras de caridade que se estendem tanto ao amigo quanto ao inimigo; as folhas são as palavras de vida eterna; os frutos são a glória celeste, que tem o princípio, o meio e um fim

sem fim. O início é a suavidade da contemplação, que o penitente saboreia em alguma medida; o meio é o repouso da alma depois da morte do corpo; o fim sem fim é a dupla estola da glória na bem-aventurança eterna.

Digne-se conceder-nos tudo isso aquele que é bendito nos séculos. Amém.

Anunciação da Bem-aventurada Virgem Maria

1. Naquele tempo, "O Anjo Gabriel foi enviado por Deus..." (Lc 1,26). Neste trecho evangélico consideramos três momentos: o envio de Gabriel à Virgem, o anúncio da concepção do Senhor e a intervenção do Espírito Santo.

I – O envio de Gabriel à Virgem

2. "O Anjo Gabriel foi enviado." Gabriel interpreta-se "Deus, meu conforto", e sobre isso lemos em Isaías: "Dizei aos pusilânimes: Confortai-vos e não temais! Eis que o próprio Deus virá e vos salvará" (Is 35,4). Costumamos confortar, sobretudo, três categorias de pessoas: o doente, o aflito, o medroso.

O gênero humano encontrava-se nessas três situações: estava doente há cinco mil anos e não encontrava remédio algum; estava aflito porque privado das delícias do paraíso terrestre; vivia no medo do diabo, que com uma mão o flagelava e com a outra o arrastava para o inferno. Mas, graças a Deus, finalmente, foi enviado o conforto que curou o doente, consolou o aflito e deu segurança ao medroso. Portanto, foi enviado o Anjo Gabriel, o feliz mensageiro de uma terra distante, água fresca para a alma sedenta. Eis o alívio para a alma sedenta, já no extremo pelo ardor e desfalecendo pela languidez: água fresca, água da sabedoria que traz a salvação.

E para onde foi enviado? "Para uma cidade da Galileia" (Lc 1,26). Galileia interpreta-se "roda", e também "emigração". Quem tem dificuldades nessas duas coisas, necessita de conforto. A roda chama-se assim porque rola (latim: *ruit*), corre. O gênero humano corria de pecado em pecado e no fim emigrava para o inferno. Diz Jeremias: "Judá emigrou por causa da aflição e da dura escravidão; habitou entre as nações (os pagãos) e não encontrou repouso; todos os seus perseguidores se apoderaram dele no meio de suas angústias" (Lm 1,3). Da escravidão do pecado acontecia a passagem para a condenação do inferno. Em tão grande angústia era verdadeiramente necessário o conforto, que convertesse para a vida a roda que corria para a morte, e assim acontecesse a passagem para a glória. "Preceder-vos-á [diz o evangelho] na Galileia: ali o vereis" (Mt 28,7). "A cidade chamava-se Nazaré" (Lc 1,26), que quer dizer "flor", ou também "unção", ou seja, "consagração", porque ali estava a flor da virgindade, a unção da graça septiforme [pelos sete dons do Espírito], ali a consagração da Virgem gloriosa.

3. O anjo foi enviado "a uma Virgem" (Lc 1,27). Uma referência a isso encontramo-la no Gênesis: "Rebeca era uma menina bela em extremo, uma virgem formosíssima e não conhecida por homem" (Gn 24,15-16). Rebeca, nome que significa "muito tem recebido", é a Bem-aventurada Virgem Maria, que, verdadeiramente, tem recebido muito, porque concebeu o Filho de Deus. E da beleza da Mãe, o próprio Filho diz: "Tu és bela, amiga minha, suave e graciosa como Jerusalém" (Ct 6,3). Bela pela humildade, amiga pela caridade, suave pela contemplação, graciosa pela virgindade, como a Jerusalém celeste, onde habita Deus: e a Virgem é sua habitação. "Quem me criou [diz-se] repousou no meu tabernáculo" (Eclo 24,12), isto é, no meu seio.

"A virgem estava prometida em casamento a um homem chamado José" (Lc 1,27). Eis o comentário de São Beda: "Quis nascer [Filho de Deus] de uma mulher casada, a fim de que por meio de José fosse conhecida a sua genealogia, e também para que não fosse apedrejada como adúltera, e para que a menina tivesse o sustento de um homem que fosse também a testemunha de sua integridade e, enfim, para que o diabo não pudesse descobrir o mistério". O antigo José, filho de Jacó, foi salvador, porque salvou o Egito da fome. Este José salvou a Bem-aventurada Virgem da desonra. O Senhor preferiu que alguém duvidasse de sua origem, antes que da pureza da Mãe. Com efeito, sabia que a reputação, em assunto de bons costumes, é fácil de ser perdida.

"Era da casa de Davi" (Lc 1,27). Isso deve ser referido não só a José, mas também à Virgem: ambos eram descendentes de Davi. Havia a ordem de Deus: "Todos os homens desposarão mulheres de sua tribo e de sua parentela; e todas as mulheres desposarão homens da mesma tribo" (Nm 36,7-8).

"E o nome da virgem era Maria" (Lc 1,27). Nome doce, nome delicioso, nome que conforta o pecador, nome que infunde a bem-aventurada esperança. Quem é Maria senão a estrela-do-mar, isto é, o caminho luminoso que guia para o porto aqueles que ainda estão ao sabor das ondas da amargura? Nome amado pelos anjos, terrível para os demônios, salutar para os pecadores, suave para os justos.

4. "Entrando o anjo onde ela estava" (Lc 1,28). Aquela junto à qual o anjo entrou, estava no interior, ocupada com a leitura ou com a contemplação, estava só e guardava sua solidão. Diz Oseias: "Conduzi-la-ei à solidão e falarei ao seu coração" (Os 2,14).

"Disse-lhe: Ave!" (Lc 1,28), isto é, sem "ai!" (*a* privativo, *vae*!, *ai*!), sem o tríplice "ai!" do Apocalipse: "Ai, ai, ai dos que habitam na terra!" (Ap 8,13). Com efeito, Maria foi imune à concupiscência da carne, à concupiscência dos olhos e à soberba da vida (cf. 1Jo 2,16), porque foi casta, foi pobre e foi humilde.

"Cheia de graça" (Lc 1,28), porque foi a primeira entre as mulheres a oferecer a Deus o sublime dom da virgindade e, por isso, foi digna de gozar da visão do anjo e do seu colóquio, e deu ao mundo o autor de toda a graça. "Cheia de graça" porque "o perfume dos teus unguentos está acima de todos os aromas. Os teus lábios são um favo a destilar" (Ct 4,10-11), sobre os quais é difundida a graça (cf. Sl 44,3).

"O Senhor está contigo" (Lc 1,28): Ele, por teu amor à castidade, coisa absolutamente nova, elevou-te à sublimidade do céu, e depois, por meio da natureza humana por Ele assumida, consagrou-te com a plenitude da divindade. "O Senhor está contigo." "O meu amado é para mim como um cacho de uvas de Chipre" (Ct 1,13) e, por isso, cheia do vinho da graça.

"Bendita és tu entre as mulheres" (Lc 1,28). Com isso concordam as palavras que lemos no Livro dos Juízes: "Bendita entre as mulheres é Jael" – nome que se interpreta "aquela que espera Deus" – "seja bendita entre as mulheres do tabernáculo" (Jz 5,24). Verdadeiramente bendita aquela que esperou aquele que é a bênção de todos, e esperando o acolheu. Verdadeiramente bendita aquela que não foi estéril, nem violada; fecunda sem rubor, grávida sem gravame, mãe sem dor, aquela que, única entre as mulheres, foi virgem e mãe e gerou a Deus.

5. "Ao ouvir estas palavras, ela se perturbou" (Lc 1,29). Lemos no Evangelho de João: "De tempos em tempos, um anjo descia na piscina e a água se agitava" (Jo 5,4). A agitação da água representa a perturbação de Maria ao ver o anjo dirigir-lhe a saudação. "Perguntava-se qual seria o sentido de tal saudação" (Lc 1,29). Maria perturba-se por pudor, e na sua prudência admira-se diante da inusitada fórmula de bênção. "Aquele que é precipitado em acreditar tem coração leviano" (Eclo 19,4). É maravilhosa esta união de pudor e de prudência, para que o pudor não se torne afetado e a prudência exagerada.

Mas o anjo disse: "Não tenhas medo, Maria!" (Lc 1,30). Como alguém que tem familiaridade com ela, chama-a pelo nome. Manda-lhe que não tema, "porque encontraste graça diante de Deus" (Lc 1,30). Lemos no Livro de Ester: "Quando o Rei Assuero viu a Rainha Ester de pé, agradou aos seus olhos e estendeu para ela, em sinal de clemência, o cetro de ouro que tinha na mão. Ela, aproximando-se, beijou a ponta do cetro" (Est 5,2).

Assuero, nome que significa "bem-aventurança", representa Deus, bem-aventurança dos anjos, a cujos olhos agradou a nossa Rainha Ester, nome que quer dizer "preparada no tempo", isto é, para o tempo da nossa salvação. O cetro de ouro é a graça celeste que Deus infundiu nela, quando a encheu de graça mais do que todas as outras mulheres; e ela, que diante de tão grande graça certamente não foi ingrata, aproximou-se com a humildade e beijou com a caridade.

II – O anúncio da concepção do Senhor

6. "Eis que conceberás e darás à luz um filho" (Lc 1,31). Diz o Bem-aventurado Bernardo: "Os milagres são dois, mas estão admiravelmente unidos entre si: Deus que se torna Filho, a Virgem que se torna Mãe. À Mãe Virgem não convém outro Filho; a Deus Filho não convém outro parto". Observa, depois, que Cristo é concebido em Nazaré, nasce em Belém, é crucificado em Jerusalém, num lugar mais alto. Portanto, Cristo é concebido na humildade, nasce na caridade, que é a casa do pão, é crucificado na elevação.

7. "E lhe darás o nome de Jesus" (Lc 1,31). Presta atenção ao seguinte fato: lê-se na Escritura que foram cinco os personagens chamados por nome por Deus ainda antes de serem concebidos no seio materno. O primeiro foi Isaac: "Sara, tua mulher, dará à luz um filho e o chamarás Isaac" (Gn 17,19). O segundo foi Sansão: "Disse o anjo à esposa de Manué: Conceberás e darás à luz um filho... ele será nazireu de Deus" (Jz 13,3-5). O terceiro foi Josias: "Eis que nascerá um filho na casa de Davi, de nome Josias" (1Rs 13,2). O quarto e o quinto foram João Batista e Jesus Cristo. Nestes cinco "personagens" são simbolizadas as cinco categorias dos eleitos.

Em Isaac, que quer dizer "sorriso", são indicados os caridosos, que têm sempre o sorriso no espírito. Por isso, lemos em Jó: "Se eu lhes sorria, não me acreditavam, e a luz do meu rosto não caía por terra" (Jó 29,24). O rosto da alma é a razão, cuja luz é a graça. Dela se diz: "Foi marcada sobre nós a luz do teu rosto, Senhor" (Sl 4,7). O caridoso serve com o sorriso da devoção e os detratores não lhe creem, antes o caluniam; mas nem por isso sua luz deve "cair por terra"; ao contrário, continua a agir na luz da razão e no gozo da mente.

Assim em Sansão, nome que significa "o sol deles", são indicados os pregadores da palavra de Deus: eles, com a palavra e com o exemplo, devem ser o sol para aqueles aos quais pregam. "Vós sois a luz do mundo" (Mt 5,14), diz-se no evangelho. O sol é a fonte do calor e da luz; o calor e a luz são a vida e a doutrina, que à guisa de rios brotam, como da fonte, daqueles que pregam, para chegar aos que ouvem. A vida deve ser calorosa; a doutrina, luminosa.

Em Josias, que significa "onde está o incenso" ou também "onde está o sacrifício", são indicados os verdadeiros religiosos, nos quais está o incenso da oração devota e o sacrifício da mortificação corporal. Eles dizem: "Sejamos recebidos com o coração contrito e com o espírito humilhado: para que assim o nosso sacrifício seja agradável à tua presença" (Dn 3,39-40).

No Batista são designados todos os penitentes e os bons leigos, que se purificam e se santificam no Jordão, isto é, no rio do juízo, quer dizer, nas lágrimas e na confissão, na doação de esmolas e na realização das outras obras de misericórdia.

Enfim, em Jesus Salvador são representados os dignos prelados da Igreja, dos quais o Profeta Abdias diz: "Subirão vitoriosos ao Monte Sião, para julgar o Monte de Esaú e o reino será do Senhor" (Ab 1,21). O Monte Sião é a elevação da vida santa, para a qual devem subir os prelados: só assim poderão julgar, ou também condenar o Monte de Esaú, quer dizer, a soberba dos carnais, e assim, em si mesmos e de si mesmos farão ao Senhor um reino. Amém.

III – A intervenção do Espírito Santo

8. Pergunta Maria: "Como se fará isso, pois eu não conheço varão?" (Lc 1,34). É claro que aquela que pergunta como acontecerá uma coisa, crê que aquela coisa será feita. Pergunta como pode acontecer isso, dado que havia prometido não conhecer varão, a não ser que Deus tivesse disposto diversamente. E comenta Ambrósio: "Quando Sara sorriu à promessa de Deus e quando Maria disse: Como poderá acontecer isso?, por que ambas não ficaram mudas, como aconteceu a Zacarias? Mas Sara e Maria não duvidam que aconteça isso que é prometido: perguntam só como acontecerá. Zacarias, porém, nega saber, nega crer, e pede algum outro sinal que

aumente a sua fé. E, portanto, recebe o sinal do silêncio, porque os sinais são dados não aos fiéis, mas aos infiéis.

"Respondendo, o anjo disse: O Espírito Santo descerá sobre ti" (Lc 1,35). Já que antes havia dito "cheia de graça", e aqui diz "descerá", dá a compreender que se a um vaso já cheio lhe for acrescentada alguma coisa, aquilo que é acrescentado transborda, assim algumas gotas de sua graça teriam transbordado sobre nós. O Espírito Santo, descendo sobre a Virgem e na sua alma, tornou-a inacessível a qualquer feiura de vício, para que fosse digna do parto celeste, e com a sua ação, da carne da Virgem, criou em seu seio o corpo do Redentor.

"E a virtude do Altíssimo te cobrirá com a sua sombra" (Lc 1,35). Nessas palavras são indicadas as duas naturezas do Salvador, porque a sombra é produzida pela luz e por um corpo que lhe é interposto. A Virgem não podia conter a plenitude da divindade: mas a virtude do Altíssimo a cobre com sua sombra, e então a incorpórea luz da divindade assumiu nela o corpo da humanidade, para que assim Deus pudesse sofrer.

"Por isso, o Santo que há de nascer de ti será chamado Filho de Deus" (Lc 1,35). Jesus nasce santo: aquele que deverá vencer a condição da natureza corrompida não é concebido pela união ou ligação carnal. Nós, sujeitos à condição da natureza corrompida, podemos ser santificados pela graça. Foi conveniente que aquela que, contrariando toda a lei, concebeu permanecendo virgem, gerasse o Filho de Deus acima de qualquer lei e costume humano.

"E eis que Isabel" etc. (Lc 1,36). Para que a Virgem não duvidasse que poderia dar à luz, foi-lhe dado o exemplo de uma mulher estéril e idosa que teria dado à luz, para assim reconhecer que tudo é possível a Deus, também aquilo que parece contrário à ordem da natureza.

9. "Então Maria respondeu: Eis aqui a serva do Senhor" (Lc 1,38). Não se ensoberbece pela excepcionalidade do privilégio, mas recordada em tudo de sua condição e do benefício divino, professa-se a serva do Senhor, ela que é escolhida para ser sua Mãe e, com grande devoção, deseja que a promessa do anjo se realize.

"Faça-se em mim segundo a tua palavra" (Lc 1,38). E naquele momento, a Virgem concebeu a Cristo, homem perfeito na alma e na carne, todavia, de maneira tal que, com o olhar, não se podiam distinguir as formas do corpo e dos membros.

Crê-se que tenha sido concebido no dia 25 de março e, passados trinta e três anos, tenha sido morto no mesmo dia, aquele que é bendito nos séculos. Amém.

IV – Sermão moral

10. "O Anjo Gabriel foi enviado..." etc. Ouvimos de que modo a Virgem Maria concebeu o Filho de Deus Pai; ouçamos agora brevemente de que modo a alma concebe o espírito da salvação.

Na Virgem Maria vemos representada a alma fiel: virgem pela integridade da fé; donde diz o Apóstolo: "Eu vos desposei com um único esposo, para apresentar-vos como virgem pura a Cristo" (2Cor 11,2); Maria, isto é, estrela-do-mar, pela profissão da mesma fé. "Com o coração se crê para obter a justiça", eis a virgem; "com a boca se faz a profissão de fé para ter a salvação" (Rm 10,10), eis a estrela que da amargura do mundo guia para o porto da eterna salvação. Esta virgem habita em Nazaré da Galileia, quer dizer, "na flor da transmigração". A flor é a esperança do fruto. Com efeito, a alma fiel espera transmigrar, passar da fé para a visão, da sombra para a verdade, da promessa para a realidade, da flor para o fruto, do visível para o invisível. Dizem os pastores: "Vamos a Belém" (Lc 2,15), porque ali encontraremos boas pastagens, o pão dos anjos, o Verbo encarnado. E em Isaías lemos: "A alegria dos onagros são os pastos dos rebanhos" (Is 32,14). Nos onagros são representados os justos, cujo gozo serão os pastos dos rebanhos, quer dizer, o esplendor e a bem-aventurança dos anjos, porque junto com os anjos se apascentarão, isto é, gozarão da visão do Verbo encarnado.

A essa virgem é enviado o Anjo Gabriel, cujo nome interpreta-se "Deus me confortou"; nele é indicada a infusão da graça divina, e sem seu conforto a alma desfalece. De fato, Judite reza: "Conforta-me, Senhor, Deus de Israel, nesta hora. E com o punhal feriu duas vezes o pescoço de Holofernes e cortou-lhe a cabeça (Jt 13,9-10). Holofernes interpreta-se "enfraquece o vitelo gordo"; nele é representado o pecador que, gordo com a abundância das coisas temporais, é despojado das virtudes pelo diabo, e assim se enfraquece e adoece. A cabeça de Holofernes é a soberba do diabo. Diz o Gênesis: "Ela te esmagará a cabeça e tu lhe armarás ciladas ao calcanhar" (Gn 3,15): no calcanhar é indicado o fim da vida.

A Virgem Maria esmagou a soberba do diabo com a humildade, mas este, por assim dizer, armou-lhe ciladas ao calcanhar na paixão do seu Filho. Quem quer arrancar de si mesmo a soberba do diabo, deve ferir duas vezes. A dupla ferida é a recordação de nosso nascimento e o pensamento de nossa morte. Quem medita assiduamente sobre esses dois momentos de sua vida, arranca de si a soberba do diabo, mas antes é necessário que implore o sustento da graça divina. "Agi virilmente e vosso coração será confortado!" (Sl 30,25).

11. "Entrando o anjo onde ela estava." Aqui é posta em evidência a solidão da alma, que permanece sozinha consigo mesma, lendo no livro da própria miséria e procurando a doçura divina; por isso merece ouvir: Ave! O nome Eva, que se interpreta "ai!" ou "desventura", se lido ao contrário torna-se Ave. A alma que se acha em pecado mortal é Eva, ou seja, ai e desventura; mas quando se converte à penitência, ouve dizer: Ave, quer dizer, sem ai (*a*, sem, *vae*!, ai).

"Cheia de graça." Quem puser alguma coisa num vaso cheio, perde aquilo que nele coloca. Assim também na alma, se está cheia de graça, não pode entrar ali a sujeira do pecado. A graça enche todo o espaço e não deixa vazio canto algum, no qual possa permanecer ou entrar aquilo que lhe é contrário. Quem compra tudo, quer possuir tudo; e a alma é tão grande que ninguém pode enchê-la, a não ser Deus somente, que, como diz João, "é infinitamente maior do que o nosso coração e conhece todas as coisas" (1Jo 3,20). Um vaso bem cheio transborda de todos os lados. Da plenitude da alma recebem todos os sentidos, porque, como diz Isaías, "será sábado de sábado" (Is 66,23), quer dizer, da paz interior virá a paz dos sentidos e dos membros.

"O Senhor é contigo." Ao contrário lemos no Êxodo: "Não subirei contigo, porque és um povo de cerviz dura" (Ex 33,3), isto é, desobediente e soberbo. É como se dissesse: Subiria contigo se fosses humilde. Por isso, ao humilde promete: "Tu és meu servo; quando passares pelas águas, estarei contigo, e os rios não te cobrirão; quando andares sobre o fogo, não te queimarás, e a chama não arderá em ti" (Is 43,1-2).

Nas águas é representada a sugestão diabólica; nos rios a gula e a luxúria; no fogo o dinheiro e a abundância das coisas materiais; na chama a vanglória. O servo, isto é, o humilde, com o qual está o Senhor, passa ileso através das sugestões do diabo, porque nem a gula nem a luxúria o cobrem. Quem tem a cabeça totalmente coberta, não pode ver, nem cheirar, nem falar e nem ouvir distintamente; assim, quem está totalmente coberto pela gula e pela luxúria é privado da faculdade de contemplar, de discernir, de reconhecer seu pecado e de obedecer. O humilde, mesmo que ande pelo fogo das coisas temporais, não se queima pela avareza nem pela vanglória.

12. "Bendita és tu entre as mulheres." Lê-se na História natural que as mulheres sentem a compaixão mais intensamente do que o homem, choram com mais facilidade e têm uma memória mais fiel (Aristóteles). Nestas três qualidades é indicada a piedade para com o próximo, a devoção das lágrimas, a lembrança da paixão do Senhor. Lemos no Cântico dos Cânticos: "Põe-me como um selo sobre o teu coração, como um selo sobre o teu braço, porque o amor é forte como a morte" (Ct 8,6): o teu amor, pelo qual morreste. Benditas as almas que têm essas três qualidades; entre elas é bendita com o privilégio de uma especial bênção a alma fiel e humilde, rica de obras de caridade.

A respeito dessa bênção, continua: "Eis que conceberás e darás à luz um filho e lhe porás o nome de Jesus". Lemos ainda na História natural que as mulheres grávidas têm dores, perdem o apetite e sua vista se anuvia; outras mulheres, depois que engravidam, têm horror ao vinho, pois ao bebê-lo perdem as forças. Isso acontece também com a alma, quando, sob a ação do Espírito Santo, concebe o espírito da salvação (cf. Is 26,18): começa a arrepender-se do seu pecado, sente repugnância pelas coisas temporais, desagrada-se de si mesma – este é o significado do ofuscamento da vista –, ela que costumava admirar-se com complacência e tem horror ao vinho da luxúria. Por esses sinais poderás julgar se a alma concebeu o espírito da salvação, que a seguir dará à luz, quando produzirá fruto na luz das boas obras; e a este fruto porá o nome salvação (Jesus), porque tudo o que faz, é em vista da salvação que o faz. "É a intenção [como se diz] que qualifica a obra." Com efeito, a alma fiel age para agradar a Deus, para obter o perdão dos pecados, para edificar o próximo e para alcançar a salvação eterna.

Digne-se conceder a salvação também a nós aquele que é bendito nos séculos. Amém.

V – Sermão alegórico

13. "Eis que houve um vento (latim: *spiritus*) impetuoso e forte, que transtorna os montes e quebra as pedras diante do Senhor; e o Senhor não estará no vento. E depois do vento haverá um terremoto; e o Senhor não estará no terremoto. E depois do terremoto acender-se-á um fogo; e o Senhor não estará no fogo. E depois do fogo ouvir-se-á o sopro de branda viração" (1Rs 19,11-12), e ali estava o Senhor. Nestas palavras do Terceiro livro dos Reis encontramos uma referência aos quatro eventos da festa de hoje: a saudação do anjo, a perturbação de Maria, a intervenção do Espírito Santo, a Encarnação do Filho de Deus.

14. A saudação do anjo: "Ave, cheia de graça", é indicada pelas palavras: "Um vento (espírito) impetuoso e forte". Esta saudação é chamada "espírito" porque é uma saudação espiritual, enviada por meio de um espírito angélico; "grande", porque faz grandes promessas; "forte", porque provém do onipotente Rei da Glória, por meio do forte Gabriel.

Estas três palavras correspondem também às três palavras da saudação do anjo. "Ave, cheia de graça", eis o espírito. Aqui não há nada da terra, nada da carne, mas tudo é do espírito, porque vem da graça. A primeira mulher, Eva, é terra da terra, carne da carne, osso de osso; a ela é dito "Ai (*Vae*, Eva), multiplicarei os teus sofrimentos e darás à luz na dor" (Gn 3,16). A Maria, porém, cuja vida estava já nos céus (cf. Fl 3,20), é dito: Ave, cheia de graça!

E observa que o anjo não disse: Ave, Maria!, mas Ave, cheia de graça! Nós, porém, dizemos: Ave, Maria!, isto é, "estrela-do-mar", porque ainda estamos em meio ao mar, somos batidos pelas ondas, submersos pela tempestade e, por isso, clamamos: Estrela-do-mar!, para chegar com sua ajuda ao porto da salvação. É ela que salva da tempestade aqueles que a invocam, que mostra o caminho, que guia ao porto. Os anjos, porém, não têm necessidade de serem salvos do naufrágio, porque já estão em segurança na pátria: o esplendor de Deus os ilumina e sua lâmpada é o Cordeiro (cf. Ap 21,23). E, portanto, o anjo não diz: Ave, Maria! Nós, miseráveis, porém, lançados no mar, distantes do olhar dos olhos de Deus, batidos a todo o instante pelas tempestades, postos nos limites da morte, imploramos a cada instante: Ave, Maria! "O Senhor é contigo", eis o grande. Verdadeiramente grande, porque por nove meses carregou e nutriu em seu seio aquele que os céus e a terra não podem conter (cf. 1Rs 8,27; 2Cr 2,6).

"Bendita és tu entre as mulheres", eis o forte. Lemos no Livro dos Juízes: "Seja bendita entre as mulheres Jael, que estendeu a mão esquerda ao prego e a direita a um martelo de operário, e feriu Sísara na cabeça" (Jz 5,24-26). E ainda, no Livro de Judite: "Uma mulher hebreia sozinha lançou a vergonha na casa do Rei Nabucodonosor. Eis que Holofernes jaz por terra e sua cabeça não está mais ligada ao tronco" (Jt 14,16). "Ozias, príncipe do povo, disse a Judite: Filha, tu és bendita do Senhor Deus Altíssimo, sobre todas as mulheres que há na terra" (Jt 13,23). O prego, com o qual fechou-se o ingresso do tabernáculo, é a virgindade de Maria. "Esta porta permanecerá fechada: não será aberta, nenhum homem passará por ela" (Ez 44,2). O martelo, que tem a forma da letra tau (T), é a cruz da paixão do Senhor. Sísara, nome que significa "exclusão da alegria", é o diabo que continuamente se esforça por excluir os homens da eterna felicidade. Ele foi morto pela virgindade de Maria e pela paixão de seu Filho; ignorou o segredo de ambos e pela força de ambos foi privado de seus poderes. Com razão, pois: És bendita entre todas e acima de todas as mulheres, tu que levaste a confusão para a casa do diabo, que cortaste a cabeça do tirano e nos restituíste a paz. E continua: "que transtorna os montes", isto é, a soberba, e "quebra os rochedos", quer dizer, a maldade e a malícia dos demônios. "O Senhor te abençoou com sua fortaleza [ó bendita entre os anjos] e por meio de ti aniquilou os nossos inimigos" (Jt 13,22), derrubou sua soberba e destruiu sua dureza.

"O Senhor não estará no vento", porque durante esta saudação do anjo não aconteceu a Encarnação do Verbo. De fato, primeiro Maria pergunta de que modo, perguntando é informada, quando compreendeu dá o seu assentimento, e dando seu assentimento concebe. Deve-se proceder ordenadamente, e subir gradualmente.

15. A perturbação da Bem-aventurada Virgem: "E depois do vento, o terremoto (latim: *commotio*)". "Ao ouvir estas palavras [diz Lucas] ela ficou perturbada", talvez porque ouviu ser "bendita entre as mulheres", ela que já era bendita entre os anjos. Lemos no Livro de Judite: "Tu és a glória de Jerusalém, tu és a alegria de Israel, a honra do nosso povo, porque procedeste virilmente e o teu coração foi confortado por teres amado e praticado a castidade" (Jt 15,10). Talvez ficou perturbada também porque ouvia afirmar de si mesma aquilo que não se considerava ser. Escreve Gregório: "É característica dos eleitos ter de si mesmo um conceito muito mais modesto do que os outros a seu respeito". Perfeição da virtude é não ver a própria virtude e esconder aos próprios olhos aquilo que aos olhos dos outros é evidente. Maria nos deu o exemplo, para que também nós nos perturbemos quando somos louvados, e nos consideremos menos do que somos ou de quanto ouvimos os outros dizerem.

Lemos na História natural que as conchas, que produzem as pérolas com o orvalho que desce do céu, se de repente brilhar um relâmpago, são tomadas de um grande espanto e logo se fecham, porque temem que seu produto seja manchado.

Assim também a Virgem Maria, que pelo orvalho do céu – "destilai orvalho do alto, ó céus" (Is 45,8) – concebeu a "pérola preciosa" dos anjos, perturbou-se pelo repentino relâmpago da aparição angélica. Por isso, na liturgia do Advento, cantamos: "Perturbou-se a Virgem pela improvisa luz" (Breviário Romano, antigo ofício). Assim também nós, se com o orvalho da graça queremos conceber a pérola de uma vida santa, devemos temer o súbito relâmpago do louvor humano, devemos abaixar-nos e nos humilhar e, para não nos distrairmos, fechar-nos no recolhimento, para não correr o risco de perder, por causa da aprovação dos homens, o bem que temos feito. "O Senhor não está no terremoto", quer dizer, na perturbação de Maria não aconteceu a Encarnação do Verbo.

16. A intervenção do Espírito Santo. "E depois do terremoto ouve o fogo." "O Espírito Santo descerá sobre ti." Fogo que não queima, mas que ilumina.

Observa que o fogo vence todos os obstáculos; não pode ser contido, e transforma em reforço de sua ação as coisas nas quais se acende; transmite-se a tudo aquilo que de algum modo se aproxima dele; é renovador e não perde vigor quando se propaga. Do mesmo modo, o Espírito Santo, igual ao Pai e ao Filho, supera todos os obstáculos. "O Espírito do Senhor [lemos] pairava sobre as águas" (Gn 1,2), como a mente do artífice paira sobre a obra que está executando. Seu poder não pode ser contido, "e não sabes de onde vem e para onde vai" (Jo 3,8). Inflama de si as almas nas quais se acende e as torna capazes de inflamar os outros. Dá-se a todos, e os que dele se aproximam sentem seu calor. É renovador, e por isso dizemos: "Envia o teu Espírito: tudo será recriado e renovarás a face da terra" (Sl 103,30). Eleva para o alto a mente, e por mais que difunda e expanda a sua graça, permanece sempre imutável em si mesmo.

Este fogo desceu sobre a Virgem e a encheu do carisma da graça. Mas nem neste fogo aconteceu a Encarnação do Verbo, porque esperava o assentimento da Virgem. Realmente, ninguém pode conceber a Deus na sua mente, a não ser com o assentimento da própria mente. Tudo o que existe na alma sem o consenso não pode justificar o homem.

17. E finalmente aconteceu a Encarnação do Filho de Deus. "E depois do fogo houve um sopro, o murmúrio de um vento leve", e ali estava o Senhor. "Eis aqui a serva do Senhor" – este é o murmúrio –, "faça-se em mim segundo a tua palavra". E naquele momento "o Verbo se fez carne" (Jo 1,14).

Observa que o murmúrio se faz com os lábios um pouco estreitos. A Virgem Maria "restringiu", diminuiu a si mesma: a Rainha dos anjos declarou-se serva, e assim hoje o Senhor olhou para a humildade de sua serva (cf. Lc 1,48). E isso concorda com aquilo que lemos no Livro de Judite: "O Sumo Pontífice Joaquim veio de Jerusalém a Betúlia para ver Judite" (Jt 15,9). Joaquim, nome que se interpreta "a sua preparação", representa Jesus Cristo que disse: "Vou preparar-vos um lugar" (Jo 14,2), e que "com o próprio sangue entrou uma vez para sempre no santuário" (Hb 9,12).

Ele hoje, da Jerusalém celeste foi a Betúlia, nome que significa "casa que dá à luz o Senhor", isto é, da Bem-aventurada Virgem Maria, que o deu à luz; Ele mesmo quer vê-la pessoalmente, quer habitar nela e dela tomar sua carne. A Ele honra e glória nos séculos eternos. Amém.

VI – Sermão moral

18. "Eis um espírito grande e forte." Aqui devem ser considerados quatro eventos: a ira do juiz vindouro, a sentença contra os condenados, a geena de fogo, a glória dos bem-aventurados.

A ira do juiz vindouro: Eis um espírito grande etc. Lemos em Isaías: "Espírito de justiça para o que está sentado sobre o trono" (Is 28,6); e "Naquele dia, com sua espada inflexível, grande e forte, o Senhor visitará Leviatã, serpente forte e tortuosa, e matará o dragão que está no mar" (Is 27,1). A espada, vibrada pelo Pai no juízo, representa o Filho. Uma espada vibrada faz duas coisas: produz raios de esplendor e tremores de sombra. Assim Cristo no juízo mostrará aos justos a glória da divindade, e aos injustos a forma assumida de homem, para que vejam "aquele que traspassaram" (Jo 19,37). Essa espada é inflexível, porque não se dobrará nem por orações nem a preço algum; grande, porque alcançará a todos; forte, porque destruirá tudo.

Eis, pois, que, no dia do juízo, o Pai, na pessoa do Filho, visitará Leviatã, isto é, o diabo e seus seguidores, aquele que é chamado serpente pela esperteza, rígido; isto é, inflexível, pela soberba; tortuoso pela inveja; dragão pelas rapinas. Assim são também seus seguidores, com os quais o diabo vive numa familiaridade amarga, na amargura do pecado. Então, aquele vento "transtornará os montes", isto é, os soberbos e os poderosos deste mundo, "e quebrará as pedras", isto é, os corações endurecidos.

19. A sentença contra os condenados. "E depois do vento, o terremoto." Diz Isaías: "Com grande fragor será despedaçada a terra", isto é, o soberbo; "com grandes aberturas será desconjuntada a terra", isto é, o avarento; "com grandes abalos será agitada a terra", isto é, o iracundo; "como um embriagado cambaleará fortemente a terra", isto é, o guloso e o luxurioso (cf. Is 24,19-20). Dia e noite o Senhor clama: "Vinde a mim vós todos que estais cansados" (Mt 11,28), mas eles não querem ir; naquele dia ouvirão dizer: "Ide, malditos!" (Mt 25,41). Qual será o transtorno, o estrépito, o tumulto, a dor e os gemidos, o ranger e o pranto, quando aquela fera, o diabo, for precipitado no inferno junto com todos os ímpios!

20. A geena de fogo. "E depois do terremoto, o fogo." "Eis que o Senhor virá no fogo; o seu carro será como um torvelinho, para espalhar a sua indignação, o seu furor e as suas ameaças em labaredas de fogo; porque o Senhor, rodeado de fogo julgará" (Is 66,15-16). E ainda: "Enviará fogo e vermes sobre suas carnes, serão queimados e atormentados eternamente" (Jt 16,21).

21. A glória dos bem-aventurados. "E depois do fogo, o sopro, o murmúrio de um vento leve": "Vinde, benditos de meu Pai, recebei em herança o reino" (Mt 25,34). Então, o Senhor será doce e suave, digno de louvor e amável, piedoso e benigno. Mas não será assim no espírito de indignação, no transtorno da condenação, na geena do fogo, e sim no sopro do vento leve, isto é, de sua inefável misericórdia. Sobre isso, diz Zacarias: "Eu lhes assobiarei e os congregarei, porque os resgatei" (Zc 10,8). Então, como diz Isidoro, os santos conhecerão perfeitamente o bem que lhes fez a graça, e qual teria sido sua sorte se a misericórdia divina não os tivesse escolhido gratuitamente, e como é verdadeiro aquilo que se canta no salmo: "Cantar-te-ei a misericórdia e a justiça, Senhor!" (Sl 100,1).

Com absoluta certeza devemos crer que: ninguém se salvará senão pela misericórdia que não lhe é devida; ninguém se condenará senão por uma condenação que lhe é devida.

Acautelemo-nos, pois, ó caríssimos, do espírito da soberba, da perturbação da avareza e da ira, do fogo da gula e da luxúria, todas essas coisas nas quais o Senhor não está. Humilhemo-nos no sopro, no murmúrio de nossa confissão e de nossa acusação, na brisa leve da mansidão e da paz, porque aqui o Senhor está. Assim, no dia do juízo, mereceremos ouvir: "Vinde, benditos!"

No-lo conceda aquele que é bendito nos séculos. Amém.

Conecte-se conosco:

facebook.com/editoravozes

@editoravozes

@editora_vozes

youtube.com/editoravozes

+55 24 2233-9033

www.vozes.com.br

Conheça nossas lojas:

www.livrariavozes.com.br

Belo Horizonte – Brasília – Campinas – Cuiabá – Curitiba
Fortaleza – Juiz de Fora – Petrópolis – Recife – São Paulo

EDITORA VOZES

VOZES NOBILIS

Vozes de Bolso

Vozes Acadêmica

EDITORA VOZES LTDA.
Rua Frei Luís, 100 – Centro – Cep 25689-900 – Petrópolis, RJ
Tel.: (24) 2233-9000 – E-mail: vendas@vozes.com.br